你缺的
不是努力，
而是
變現的能力。

用精準努力撬動財務自由，
終結窮忙狀態的實戰秘笈！

臨公子

——

著

| 序言 |

↑

　　我曾想過寫作可能帶給我的改變，但沒想到，3年後我出了一本書。

　　我本職是IT產品經理，這些年白天上班加上晚上寫作，累計寫了80萬字。許多人驚訝於我在本職做得還不錯的情況下，還能開拓新的「賽道」，並好奇地問：「怎麼才能和你一樣把寫作作為副業呢？」

　　我的答案很簡單：第一，我願意為興趣付出時間精力；第二，我願意一篇又一篇地寫，一點又一點地學。

　　理工科出身的我，寫作談不上天賦異稟，運氣也乏善可陳。我寫的第一篇文章，是關於本職的產品實操文，除了同行幾乎沒人能看懂。初期不知道寫什麼時，就寫一些閱讀後的書評。

　　隨著自身的成長和對公眾號定位的逐漸清晰，我開始寫薪水族的投資理財，開始寫職場中的「升級打怪」，聚焦上班族最關心的「那點兒事」。我努力將自己打磨成「上班族2.0

版」，而不僅僅只是一個拿「死薪水」的人。

正因如此，寫了幾年公眾號：

我最開心的，是有人說我的文章讓他重新審視自己，學會以多維視角看待事物，挖掘到新的可能性。

我最開心的，是關注多年的讀者感慨，這幾年和我共同進步，像是從未謀面但又親密無間的朋友。

我最開心的，是回頭看自己時，願意與這些年的自己舉杯說聲：「你辛苦了，但一切都非常值得。」

寫作這件小事就像一扇窗戶，讓我接觸到更大的新世界、遇到不同圈子的人、實現更高速的個人成長。

從普通的職場人，到寫作1個月後收到金融平台簽約邀請、3個月成為LinkedIn（領英）專欄作者，再到寫出全網閱讀量破千萬的文章，拓寬了不少收入管道……

持續成長，就是你現在看到的我。

↑ ↑

對普通人而言，一生中有1/3的時光都在工作中度過。稻盛和夫說：「工作能夠鍛鍊人性、磨礪心志，工作是人生最尊貴、最重、最有價值的行為。」這話聽起來挺「雞湯」，包括

我早期也覺得：工作嘛，拿錢做事而已。

可在職場摸爬滾打幾年，我發現「上班」與「工作」是截然不同的兩個狀態。一個「上班的人」，是純粹拿勞動力換錢，他是被動型工作者；而一個「工作的人」，除了得到薪水，還得到了成長。同樣是8小時，「工作的人」獲得了兩份回報。

再說句現實的話，多數人的核心收入來源於薪水，如果你能有針對性地透過工作修練自己，它能幫助你快速攢下第一桶金，並持續提供足夠的現金流。

在這本書裡，我將聊聊許多你熟悉的或是經歷過的職場事件，裡面有不少值得我們汲取的經驗和邏輯，希望它們能幫你提純職場含金量。

作為一個兼職「碼字」的人，我還有個特別深的感觸：下班後的時間，是拉開彼此差距的戰場。是的，以我的觀察，許多比同齡人擁有更多資源的人，他們無一例外地用心對待「下班後」的時光，有些甚至常年保持工作狀態，並將其作為一個習慣。

仔細一想，我接觸的副業有近20種，身分也不斷發生變化：金融／職場平台簽約作者、傳媒公司合夥人、互聯網產品負責人、海內外房產投資者……每一次嘗試，都帶給我思維上

的突破。

你的認識邊界越大，潛在機會也越多。就像許多讀者得知我買了5套海外房產時，很詫異地說自己從來沒考慮過在居住地或老家以外的地方買房。

而這些思考模式，也是在我本職之餘保持閱讀、寫作、接觸到新場景後得到的啟發，它們成為我步步精進的墊腳石。

↑ ↑ ↑

不管哪個階段的人，常常都有個共同的困惑：為什麼我總遇不到機會呢？

事實上我們的一生會遇到諸多轉機。可惜大部分的人往往無法判斷機會，即便發現了也無法抓住。

把握機會的能力，其實是一項非常核心的能力。正如武俠小說大師古龍所說：問題並不在有幾成機會，而在於你能否把握機會，若是真的能完全把握機會，一成機會也已足夠。

我們每天朝九晚五穿梭在兩點一線，久而久之，做出決定時基於慣性，看待事物的角度開始固化。熟悉的地方沒有風景，於是我們需要有意識地利用思維工具，幫助自己做出盡可能對未來有利的決定。

這本書同時將以有趣的金錢視角，和你一起聊聊面對真實場景時，用一種更理性、更清醒的判斷維度。沒什麼乾巴巴的道理，或許你在看完後，會潛移默化地更新自己的衡量體系。

　　你可以把它當作一本有意思的職場書，翻開時，從熟悉的場景中找到屬於你的新答案。

↑ ↑ ↑ ↑

　　在本職比較忙的情況下堅持寫作3年，首先要感謝我的先生。說來有些好笑，當初忙完婚禮我一下子空閒下來，我又是個閒不住的人，就開始註冊公眾號寫文章。

　　在這個過程中，我開始習慣每天做好本職工作的同時，認真寫作，每天需要工作12~14個小時。他給予了很大的理解支持，陪伴我度過種種焦慮和難熬的時光。

　　當然最感謝的——是你，我的讀者。文字將你我聯繫在一起，把我從一個網路陌生人，變成有血有肉、彷彿是朋友般的存在。

　　時間過得好快，快到每天、每週、每月都像急行軍一樣前行，回頭望走來的路，似乎還冒著熱氣；時間又過得好慢，未來還有太多想要實現的願景，這個世界還有很多未知的稜面，

我還想知道，我這麼一個普通的上班族，還能呈現出怎樣意想不到的故事。

所以，我會一直努力，也請你加油！

感謝你們的陪伴！

| 目錄 |

第 1 章　職場8小時的能力基礎課

第 **2** 章　下班後的4小時，是拉開彼此差距的戰場

第 **3** 章　人生每個轉捩點，都蘊藏著機遇

第 **4** 章　　經濟學視角，幫你理清思路

第 **1** 章

職場 8 小時的
能力基礎課

總感覺工作太累？懂得點「偷懶」

有一位工作4年的女孩問我一個問題：「臨公子，我上個月升職後，薪資漲了5千多元，可工作量劇增。除了原先的任務，我還做了許多額外任務……幾乎每天加班。好累啊，我越想越不平衡，怎麼辦？」

這似乎是個挺普遍的問題。大部分晉升加薪的背後，隱藏著「加班」的潛在條件，而人們潛意識裡對加班是默許的。實際上，不少上班族身心疲勞的主要原因，在於4個字——「不、會、偷、懶」。別急著吐槽，先聽我說一件真事。

↑

2013年，有位叫Bob的程式設計師名聲大噪。他在美國一家知名營運商任職，是公司最頂尖的程式設計師。Bob被譽為「最優秀的開發人員」，他一直保持代碼乾淨，總是按時完成工作。不過，最讓人佩服的地方，是他的上班狀態。

9:00：抵達公司，逛論壇、看視頻。

11:30：吃午餐。

13:00：逛eBay。

14:00：逛Facebook或LinkedIn。

16:30：寫郵件向主管彙報工作進度。

17:00：回家。

厲害吧？過了好久，同事們終於覺得不對勁。這才發現，Bob年薪幾十萬美元，居然一行代碼都沒寫！沒錯，他用自己1/5的薪水作為代價，將工作外包給承包商，然後自己整天在公司休閒娛樂，還因此成為最佳員工。

東窗事發，老闆立刻讓Bob離職，還將此作為一則宣導公告出來。客觀地講，Bob最致命的問題只有一點──不該欺

騙。其他的，不論怎麼看都是雙贏局面。他提交的代碼確實很完美，確實對得起薪水，不是嗎？如果我是老闆，把所有軟體讓他外包，給他加薪都可以。

事實上，Bob的思維是很多職場人欠缺的。我們拿到一項任務，通常想的是：「我該怎麼去實現呢？」而他想的是：「我有什麼辦法能交出成果？」

這個「最佳員工」，名副其實。難道從早到晚不停地敲代碼的人才能被稱為最佳員工？難道每天「曬」加班的人才是最佳員工？難道忙得連晚飯都沒空吃的人才叫最佳員工？殊不知，職場中所謂「優秀」，不是比誰勞苦功高，而是比誰成果卓絕。

↑ ↑

我們常常會產生錯覺：升職加薪後，工作量就應該增加。就像一開始那位女孩說的那樣，她升職後，一邊做著額外任務，一邊做著原先工作。但是，給你更多的薪水，是想讓你承擔更有價值的事情，而非把任務做加法，將工作全部疊壓在自己肩上。

我以前所在的公司有個專案經理，程式開發出身，自從

轉型管理職後，原本就經常加班的他，幾乎每天晚上10點才下班。永遠有做不完的事、開不完的會。有一回他實在憋不住爆發了，在群裡一條接一條地發語音「吐槽」：自己一個人做了全組的事；上司的資源沒給到位；家人不理解……雜事一籮筐，還不如之前純粹寫代碼！

幾個朋友在群裡分析了不到半小時，便發現原因：他太勤快、太有責任感了，什麼事都自己做！因為擔心新來的員工接手工作會出現問題，他就代寫主模組代碼；認為需求有不妥之處，他就拉著分析師修改方案；看到合作報價有瑕疵，他就熬夜查閱商務文檔，第二天主動要求一起去開溝通會。這是有能力的人常犯的毛病──總覺得別人沒自己幹得好，工作交給別人不放心，事必躬親，最終把自己累得筋疲力盡。

電影《蜘蛛人》裡有句經典台詞：「能力越大，責任越大。」只是，很多人在工作中把這句話默默曲解為：能力越大，工作量越大。從而陷在無盡的任務裡，不可自拔。

↑ ↑ ↑

不得不說，多數上班族骨子裡以勤快為榮，以偷懶為恥。**我這裡說的「偷懶」，不是讓你當職場老油條，而是要頭腦勤**

快。勤於找到更快、更有效的解決方法，做到多快好省，使命必達。

我有位做IT運維的同事大元，入司第一年的績效就是A+。他的加班時間不算多，甚至他在別人加班時就提早先走了。大元有什麼與眾不同之處呢？其他員工每天循規蹈矩地手動維護伺服器，他卻把大量時間用在寫腳本、做自動化工具上。其中幾款小工具，還獲得部門及公司創新獎。人家花兩三個小時做的事情，大元半小時不到搞定了，而且還能自動獲取統計報表。

賈伯斯說過一段話：「如果你很忙，除了你真的很重要以外，更可能的原因是：你很弱。」你沒有什麼更好的事情去做，你生活太差不得不努力去彌補，或者你裝作很忙，讓自己顯得很重要。

我工作以來最忙的階段是前3年，職階最低、價值最低，大量重複性手工操作讓自己不停忙碌，還不懂得對瑣事「say no」。你讓我現在談談當初具體做了什麼，我甚至都會很迷茫：什麼事都做了，但又什麼事都沒做。真是應驗了「用戰術上的勤奮，掩飾戰略上的懶惰」這句話。人啊，身體太忙碌，腦袋反而變懶惰。

↑ ↑ ↑ ↑

　　對於「偷懶」的定義，我覺得用一句話形容比較貼切：君子生非異也，善假於物也。比如，你管理一家公司，根本沒必要鑽研每個職位的技能，只要讓員工人盡其才就可以了；你想諮詢某個專業意見，相比熬夜埋頭翻資料，找位行業大咖進行一對一的諮詢是不是事半功倍？你想每週清理房間，上班很忙很累，找個鐘點工不比自己咬緊牙關去收拾要好很多嗎？

　　有人估計會說，這些都要花錢的吧？但實際上，人類發展的重要標誌之一就是分工細化，不再需要你親自動手完成一切。在所有事情上自給自足的人，表面上看起來很勤快，但實際上跟面朝黃土背朝天的老黃牛無異。

比月薪更能體現個人價值的，是時薪

↑

有兩份工作，一份年薪65萬，一份年薪86萬，你選哪個？相信大多數人選擇後者。是的，同事S也不例外。他就面臨著這樣的選擇：

工作1：年薪65萬的技術經理，主攻技術選型和架構，工作相對輕鬆，基本朝九晚五，偶爾加班。

工作2：年薪86萬的專案經理，負責內部業務的實施、管理等，背負的KPI業績壓力大，且辦公地點離S家較遠。

他本能地被工作（資）2吸引，可仔細想了一下就猶豫了。前者需要每天工作8小時，而後者每天可能需要工作10小時，並且有很多節假日加班的情況，每天的通勤時間則增加不少，折算成時薪後完全沒有優勢。何況，S又是「有家有口」的人，選擇工作2的話，陪伴家人孩子的時間立馬被壓縮到角落裡。

此時，S心裡的天平自然向工作1傾斜。

時薪＝（全部工作收入－工作開銷）／投入工作的總時間。

根據上面的公式我們會發現，有的人年薪高得讓你羨慕不已，但聚餐活動時，他要麼缺席，要麼臨時發來訊息：「抱歉啊，突然有事加班，下回一定來。」終於在某天見到真人，發現他形容枯槁、面容憔悴，還一個勁兒地吐槽錢少事多。

看似明碼標價的薪酬，掩蓋了背後的種種隱性成本。比如，交通所花費的時間和金錢；在公司或其他任何地點的加班；健康損耗……想在空餘時間裡享受生活、自我成長等等，全都會成為一場空。

拿著「包月」的工資，幹著不計「流量」的工作，還有個最大的暗坑：你的可能性，正被源源不斷的工作量擠出門外，而這種可能性本可以帶給你更高的價值或薪資。愛因斯坦說：「人與人之間的差異產生於業餘時間。業餘時間能成就一

個人，也能毀滅一個人。」

↑ ↑

　　我曾在一家按小時付費的雇傭平台兼職，時薪百元起。不僅流程嚴謹，而且採用以分鐘為單位的計時方式，潛移默化中，會讓人格外在意時間使用率，這樣，效率反而比8小時班制多快好省。事實上，「包月包年」的時間是相當鬆散的。在辦公室，你會分神，會流覽網站，會閒聊兩句；在家裡，餓了心神恍惚，飽了「飯氣攻心」，翻個手機擼個貓，上床平躺東摸摸西摸摸。然後在截止日期前一天，恨不能把鍵盤敲碎。

　　效率被注水到不行。可一旦把水分擠乾，全身會處於備戰狀態，尤其以時薪計算時，逝去的每分每秒都能聽到錢的聲音，能不專注嗎？能不精神抖擻嗎？

　　與此同時，這樣的工作方式讓我們對計畫的控制權也更大了。每天24小時，數量上人人平等，但誰能將時間軸切割得越細，就等同擁有了加倍的「暗時間」。對內而言，計畫的顆粒度直接影響到執行時的精確性；對外來看，能用小時表達進度會讓你的信賴值瞬間飆升。可以做一份預估：同樣一份工作，A說明天做完，B說明天下午做完，C說明天下午3點前

做完。你覺得誰最可靠？單位越小越可控，放之四海而皆準。

↑ ↑ ↑

以下方法，希望對你（的時薪）有幫助。

1. 養成使用時間管理工具的習慣

比如使用番茄鐘App，其顯著點有兩個方面：一是倒數計時能給人緊迫感；二是了解自己的時間有效利用率。上班族一天工作8小時，真正被利用的時間能達7成就算不錯了，至於9成以上更是鳳毛麟角。你要做的並不是一味地埋頭增加投入時間，最要緊是提高有效利用率。

2. 下班後的規劃

人和人的差距大部分是在下班後拉開的。有的人覺得工作一天累得不行，下班了還不能休息？戴爾・卡內基在《人性的弱點》裡說過：我們的疲勞通常不是由於工作本身，而是由於憂慮、緊張和不快。很多人嘴上說自己辛苦工作了一天，但你問他做了什麼，他也不見得能說清楚。培養愛好、運動健身、看書學習……深挖其中一項，均有可能成為日後觸手可及的寶藏。

3. 盡量避免持續性高強度工作

　　我知道這點很多人做得堪稱完美，但還是要提醒下：不要以為懶散會上癮，節奏慢或快都可成為慣性。

　　譬如我有陣子很忙，那段時間我走路和語速都變得很快，下手也特快——打電話時，對方還沒說完，我可能手一快就掛了；連去按摩理療師都感覺出來：「你等下是不是還要趕去哪裡啊？」結果忙完後，過了好一段才恢復正常速度。回頭想想，若是當時給自己放空哪怕就半天，說不定效率還能事半功倍。

　　達文西在這方面特別有感悟：「偶爾遠離你的工作，給自己放鬆一下；回來的時候，你的判斷會變得更準確。要離開一段距離，當你的工作變得越來越渺小時，你便可看清它的全部，任何不和諧與不合比例之處也就呼之欲出了。」

　　馬雲曾在美國中小企業論壇上表示，30年後人們每天只工作4小時。不管你願不願承認，靠批量販賣工作量而獲得豐厚報酬的路子已經逐漸狹窄。

　　即使彼時你已退休，即使如今你依然領著包月或包年的薪資，**關注自己的單位時間是否值錢，才不至於在看似高薪、實則廉價的虛相中模糊焦點，才可讓你的含金量步步提純，而不僅僅是單薄地鍍金。**

「高薪不喜歡」與「低薪很喜歡」的工作，應該選哪一個？

　　前陣子我的一位HR朋友Emma去校園徵才，有幾位年輕應聘者不約而同地被問到那個很經典的問題：「高薪不喜歡」vs.「低薪很喜歡」的工作，選哪個？我問她：「應該怎麼回答？」她聳了聳肩，笑著說：「這個問題首先有個大前提——你有得選。我見過的大部分情況其實是另外兩種：第一，高薪的做不了、低薪的不喜歡；第二，高估了興趣的快樂，低估了薪資的影響。而且，不少人始終跳不出這兩個怪圈。」看著我滿臉問號，她講了兩個案例。

↑

　　Emma一位叔叔的小孩叫豆豆，主修工商管理，在3年前大學畢業。由於學校普通，自己也沒什麼特長，豆豆一開始在一家小公司做行政助理。Emma沒想到，從此收到的吐槽訊息呈指數級增長，而且五花八門。「我工資才2萬多，新來的助理工資怎麼就拿3萬元？」「那誰誰誰，整天讓我幫忙走流程，你說，她是不是看我不爽啊？」「有個部門開總結會，讓我寫會議摘要，這種事應該不算我工作範圍吧？」「你們HR是不是有辦法讓高層給員工加薪？」

　　Emma說，那段時間一提到豆豆，她簡直仰天長嘆。有這打字發牢騷的工夫，學點兒什麼不好？有一天豆豆無意中說她上班流覽招聘網站被上司看到了，應該不會怎麼樣吧？Emma已經不知道該說什麼了。果然，沒多久豆豆跳槽了，理由是「做的事情不喜歡，薪資太低」。那次跳槽漲了多少呢？每月多500塊！

　　大家應該知道，行政助理本來做的事情就挺雜，而豆豆理想中的職場範本，是電視劇《我的前半生》裡的唐晶，披荊斬棘、年薪百萬，每天穿著高級感十足的職業女裝，走起路來氣場全開、自帶追光燈。對比之下：自己被人呼來喝去，Excel

報表經常出錯，一會兒貼發票、一會兒走單據流程、一會兒整理合同⋯⋯可問題在於，月薪不高的小助理，到哪裡做的事情都差不多。在你沒有磨練出一門比較出色的技能之前，薪資很難有太大起色。豆豆之後一年跳槽3次，薪資漲幅一次比一次小，年末時已經感覺有些跳不動了。理想與現實之間產生巨大鴻溝，她深陷其中。

這個道理不難懂。打個比方：一斤馬鈴薯8元，就算擺在進口精品超市裡，它的價格也不可能變成8千元、8萬元，因為價值決定價格。

是否高薪和是否喜歡，這兩件事壓根沒關係，而是看你有沒有匹配高薪的能力。

↑ ↑

再來看Emma的高中同學，他在大學念數學系，畢業後去了一家遊戲公司做企劃。他對歷史極其癡迷，別的同事桌面上放的是技術類或管理類書籍，他的桌面擺了一套《中國通史》。用他自己的話說，夢想是「去雜誌社當編輯」。下班後，看看歷史書籍、給專欄寫寫稿，偶爾參加線下小社群。就這麼個「佛系」的人，兩年後在部門表彰會上說了句：「我在

遊戲中，發現了另外一個自我。」

大家都震驚了！說好的研究歷史呢？說好的去雜誌社當編輯呢？這男人太善變了！「興趣是可以培養的嘛，」這位小哥之後說，「況且又不是只能有一個興趣。我現在同樣喜歡歷史呀，業餘中同樣有寫相關文章呀。」

我相信，很多人在「高薪不喜歡」和「低薪很喜歡」之間猶豫的時候，忽視了它並非是一道非黑即白的單選題，不用非得讓興趣與薪資拚個你死我活。

首先，興趣不是一成不變的。即便一開始不喜歡，可你用心工作，久而久之，它很可能反饋給你除了工資以外的意外回報。比特幣首富李笑來有句話說到我心坎裡——「往往並不是有興趣才能做好，而是做好了才有興趣。」其次，哪怕你不喜歡本職，也可以在本職之外讓愛好生長。

一天24小時，就算除去上班8小時、休息8小時，不還有8小時嗎？這個時間容器裡，足以相容許多你原本想不到的東西。

↑ ↑ ↑

不少在本職上做得有聲有色的人，把愛好也經營得有聲有

色。

　多數人只知道達文西畫畫厲害，其實，你誤會他了——他幾乎可稱得上一本人體百科全書。他是局部解剖圖始祖，與醫生工作期間繪製了超過200幅畫作，解剖了30具不同性別年齡的人體。關於人體比例的作品《維特魯威人》，實際上是他研究建築的成果。人體工程學以人的尺寸來設計建築，這個理念到現代建築依然沿用。此外，他還嘗試造飛機，發明過挖掘機、子母彈、潛水艇等幾十種器械，定義了力矩概念，推斷出地殼運動，設計並親自主持修建了運河灌溉工程，設計過橋梁、教堂、城市街道和城市建築……達文西幾乎是一個自帶外掛般的存在。

　籃球巨星科比參與製作的動畫短片，拿下奧斯卡最佳動畫短片獎；微信之父張小龍拿下高爾夫球錦標賽冠軍；文藝青年韓寒邊拿賽車冠軍邊出新書，順便成為票房過10億的電影導演。

　將有趣的事做到極致，不僅能賺到錢，甚至能從天而降般地碾壓原來賽道上的競爭者。

歸根結柢，選擇什麼，得看你有多少籌碼讓你選。你開車，目標是星辰大海，可只有1升汽油，別說開到海邊，估計沒幾公里就結束了。你玩遊戲，目標是打敗大Boss獲得頂級裝備，可你一出場還沒熱身就「掛」在原地。你買房子，目標是市中心、學區好、綠化率高的大戶型，可一看戶頭還不到5位數。你說怎麼辦？沒得選擇啊！

　　你有多少實力，你的選擇半徑就有多大。你的目光，不能永遠僅盯著選項A與選項B。選項之間往往並不互斥，完全能共存得很好。這世界從來不是你想要什麼，就有什麼，而是需要拿自己有的資源去兌換想要的一切。有的兩敗俱傷，有的相得益彰。只要選擇權在你手裡，又有什麼好怕？

如何從工作中找到屬於自己的快樂

「要是可以不上班就好了。」——是不是有無數時刻，這句話宛如彈幕般霸屏著你的腦海？最近刷微博時，看到一篇關於不想上班的文章。你恐怕想像不出，每天光鮮亮麗地坐在隔壁的同事們，內心隨時上演著波濤洶湧的大戲。

「作為揹著鉅額房貸的80後，已經沒有權利辭職。再痛苦也要死撐，連死撐都要表現得很努力。」

「在單位就像是個透明人，還一直被同事罵28歲大齡未婚未育。」

「上墳還能痛哭一頓，而上班只能憋著，都快憋出內傷了。」

「上班時間閒到看完《如懿傳》《延禧攻略》《琅琊榜》《三生三世》……」

坐在辦公室的 8 小時，已帶有濃重的被迫色彩。許多人覺得，「賺錢太少」絕對是「被迫」上班的 No. 1 理由。可實際上，真正讓你一上班就想吐的，恰恰是「只賺到錢」這 4 個字。

↑

你也許聽說過，上班≠工作。在我眼中，二者最大區別有兩點：一、上班是站在公司角度，工作是站在個人角度；二、上班是被動的，工作的主旋律是主動的。哪怕做的事情一模一樣，你我的感受也可能大相逕庭。

一位在小時候和我一起學琴的師姐，畢業後在一家中學擔任音樂老師，同時兼職培訓機構的電子琴老師。坦白講，她非常不喜歡彼時的上班狀態。

在中學，音樂課要麼經常被主課佔用，要麼教一些簡單

的樂理，得不到太多重視；培訓機構裡，老闆為了多賺錢，要求一個老師上一節課至少帶15個學生，成效自然好不到哪裡去。家長幾乎每節課都抱怨：「今天你都沒教我家小孩多久呢？」「怎麼兩週了小孩連〈小白花〉都不會彈？」「你應該對孩子更耐心些啊，都沒說幾句話⋯⋯」

每天回到家，她第一件事就是先躺10分鐘調整心情。

這樣上班一年多，師姐開始在家裡開培訓班，一對一教學，主要輔導考級、帶隊參加省市乃至全國比賽。以前，準點就下班；現在，一節課45分鐘，她能免費上到1個多小時，幫學員錄視頻，拆解一個個環節，來回分析、反覆訓練。她不是不喜歡「教鋼琴」這件事，而是不喜歡在某種自己不認可的模式下去做這件事。

上班模式：別人要我這麼做，這叫被動接受；工作模式：我要這麼做，這叫自我驅動。

強扭的瓜不甜，咬一口，只剩下滿嘴苦味。

↑↑

知乎上有個問題被流覽了3千多萬次：「長期不上班是種怎樣的體驗？」隨機看了下回答的人，有一直待在家裡的、有

職業炒股的、有裸辭後心態像坐雲霄飛車的等等。每個人都有選擇自己生活方式的權利，只要不影響他人就OK。但從我的角度看，多數人即便不上班，最好也需要一份工作。不說有多大的追求，至少得讓現金流足夠自己生活。

1. 自由職業

由於寫作的關係，我認識不少自媒體人和自由撰稿人，還有做糕點、代理商、攝影師、仲介、諮詢師等。有單槍匹馬的，也有2~3人的小型工作室。他們基本上在前期經過一段時間驗證，當技能足以變現、人脈資源到位，再轉為全職。溫飽一般沒問題，至於能不能賺更多、是不是更自由，就因人而異了。

2. 做小生意

比如開花店、餐飲店、服裝店等。我認識的人，有離職後回老家，利用電商幫家裡賣鞋子和服飾的；有幾個好友一起加盟了一家連鎖義大利麵店的。有的收入時高時低，不太穩定；也有開張不到3個月就關門大吉的。說不上哪些方法比較容易成功，不過有兩點通用：第一，別輕易拿全部積蓄做生意；二，盡量找專業的人合作。

3. 斜槓青年

我目前的狀態就是如此。除了IT產品經理的身分，我兼

職撰稿、經營公眾號、投資傳媒公司，偶爾接些產品設計……最大的感受就是：辛苦在所難免，可心裡比從前踏實。很多上班族收入增長極其緩慢（甚至固定），但物價、GDP、房價都在漲，自己的現金卻在縮水，再怎麼「佛系」，你多去幾次菜市場都能意識到這點。多個身分帶來的多種收入，某種程度上幫我緩解了一定焦慮。坦白講，「雞蛋不要放在同一個籃子裡」。抵禦風險，必須靠多元化。另一方面，興趣使然，做些自己喜歡的事情還是滿幸福的，不至於讓日子過於留白，或被工作100%塞滿。

↑ ↑ ↑

「我必須上班，有沒有辦法不那麼痛苦？」當然有。不少人低估了上班的可控性，潛意識將主動權拱手相讓。之前我看稻盛和夫寫的《幹法》時，其中一段話印象深刻：

要想度過一個充實的人生，只有兩種選擇。一種是「從事自己喜歡的工作」，另一種是「讓自己喜歡上工作」。能夠碰上自己喜歡的工作這種機率，恐怕不足幾千分之一、萬分之一。與其尋找自己喜歡的工作，不如先喜歡上自己已有的工

作，從這裡開始。

你可能會以為，這不過是一位成功者隨口說幾句「雞湯」罷了。事實上，當時稻盛和夫的處境用「喪」已經不足以形容了。他從小成績不太好，大學畢業後恰逢日本經濟大蕭條，就業相當困難。走投無路下，他曾認真地考慮過去當一名「知識型黑社會成員」。好不容易在陶瓷廠找到一份工，工廠瀕臨倒閉發不出工資，員工士氣低落，常常以罷工來宣洩。跟稻盛和夫一起去的4個大學生，沒多久全辭職了。他心裡想：反正這麼糟糕了，總不會比這還差吧？姑且先用心做吧。最終，把一個原本被動接受的爛攤子，幹成了畢生事業。

認真對待一件事，很可能挖掘出前所未有的興趣與熱情。而不少人的邏輯是：我不喜歡做這個→消極怠慢→越來越不喜歡→一做就想吐。那退一步，你也可以選擇更喜歡的地方上班，不是嗎？前提是你有得選。

最後我想說的是，工作對普通人而言，或許是最容易實現個人成長的一種姿勢，畢竟同時滿足物質和精神兩個層面的事情也不多。不上班，你也得想辦法生存和生活。就算自由職業、創業、做生意，越到後期形成規律，與上班的差別就越小。純粹為掙錢而工作，你到哪裡、做什麼，其實感受都差不

多，都是勉強而為。

　　就像一份不合你胃口的早餐。吃，難以下嚥；不吃，就會餓死。那麼，不管你吃的是什麼，絕對都超級難吃。**我們需要從工作中賺到錢，更需要的是從工作中收穫或多或少的成就感，體驗到更廣袤無垠的人間百態。有尊嚴，有成就，快樂自然觸手可及。**

頭銜再大，也不如充滿實力重要

你會因為什麼而選擇一份工作？答案可能是：職稱。我朋友在這幾年參加過不少聚會，總結出一條規律：大多數的所謂社交聚會其實沒什麼意義，面目模糊的一群人說些場面話，來幾句「商業互吹」。總之，要不看臉，要不看頭銜。聽說你是助理，就意味深長地「哦」一聲，不管你是不是「一人之下萬人之上」的董事長助理。聽說你是總監，就忙不迭地恭維起來，不管你是不是美髮店的 Tony 美髮總監。

這幾年我也發覺一件事，特別在意頭銜的人，往往很難混得好。為什麼這麼說？

↑

　　前不久，一位讀者問我轉行做產品經理的事。她原本在一家互聯網公司做售後服務，聊到為什麼想換工作時，她支支吾吾了好半天，之後發來一句話：「自己是產品經理，說出去比較好聽嘛。」經過追問，原來她眼下面臨兩個選擇：

　　A：售後部門有個升遷的機會，薪資相對理想。
　　B：朋友開的小公司有個產品職缺，年薪不到8萬元，做的內容其實依然偏售後。

　　問題是，她朋友的公司是做機械的啊！不同行業的產品經理要求截然不同，你隨便看看製造業、金融業、互聯網行業的職缺徵人資訊，馬上就會發現這點。「而且我了解過了，產品部門的平均薪資比做後勤的要高。」她突然發來一張薪資對比圖接著說：「不瞞你說，我打算先鍍鍍金，後面再成為真正的產品經理。不然我啥也不懂，轉行不切實際呀。」我有些哭笑不得。

　　在轉行這件事上，她盯著的是頭銜上若隱若現的光亮，忽

視了剝開這層脆弱的鍍金外殼後，工作的本質並未發生多少變化。「先敬羅衣後敬人」，這話放到現在仍舊成立。

我同學感慨，他以前公司招募海外客服，月薪1萬元左右，投履歷的人寥寥無幾。後來老闆想了一招，把「客服」改為「專員」，情況明顯好轉。這種一葉障目的狀態，讓人錯過許多比頭銜重要百倍的東西。

↑ ↑

頭銜如標籤，但坦白講，我不認為這種外在的東西是什麼貶義詞，只不過有段位之分。它是一個從加法到減法的過程。

第一階段：貼上標籤

你發現沒？隨便看看微博，跳出的新聞裡都塞滿了形形色色的明星人設。比如，女明星剪短髮就是「帥氣」，穿上西裝就是「總攻」，放上食物的照片就自稱「吃貨」。男明星人設熱衷知識分子、學霸、大叔、奶爸⋯⋯似乎沒有人設就很難立足。這種做法，不能說它不對。茫茫人海，每天新人輩出，你靠什麼在人們腦海中佔有一席之地？貼上標籤，可在短時間內得到匹配的資源。

職場同樣如此。一聊到工作，別人自然會問：「你是做什

麼的？」一個能毫不遲疑說出口的頭銜，無疑是個印象加分項。你去面試時，對方通常也會讓你用幾句話介紹一下自己。在初期，你的確能受益於它。

第二階段：撕掉標籤

這裡有兩層意思：一是簡化過多的頭銜；二是不囿於頭銜。

一個人的內在越空虛，越渴望用表面功夫加持自己。魯迅有句名言：面具戴太久，就會長到臉上，再想揭下來，除非傷筋動骨扒皮。頭銜也好，要求也罷，皆是如此。擁有得久了，你就捨不得放手，於是始終停留在原地漸入疲態。既不敢鬆手，也不敢嘗試其他選項。

之前我看了一檔相親節目。一位男生一上來就列出找對象的條件，從身高、工資、年齡到定居在哪裡，家庭是什麼樣的，甚至連髮型都有要求，一切都安排得明明白白。他堅定地認為，這就是自己想要的理想型。主持人說了句話特別在理：「這麼多的條條框框，最終只會把你困死。」

他把若干個標籤堆砌出一個宛如為他量身打造的理想對象，殊不知，世上很可能不存在這樣的女孩。即便有，女孩憑什麼選擇你？很多東西看似有所追求，實則是藤蔓密布的束縛，捆綁住了你的想法、你的喜好，亦捆綁住了你未來的可能

性。

↑ ↑ ↑

　　相比於堆砌標籤，更糟糕的情況是：用標籤包裝自己，卻無力撐起標籤。自詡CTO，連最簡單的技術方案都看不懂；自詡中層管理，連手下僅有的一個員工都管不清楚；自詡一線知名演員，連喜怒哀樂都表現得一言難盡。有一個追星的朋友說，大家之所以覺得「流量咖」是個貶義詞，不是因為藝人的流量大，而是他們實力與流量過於懸殊。你看王菲、章子怡同樣自帶話題，有人說她們是流量咖嗎？並沒有。

　　回頭看那位想轉行做產品經理的姑娘。她最大的問題在於，她轉行的目的僅僅是利用頭銜鍍金，哪怕幹的是幾乎一樣的工作。錢鍾書先生說，不實之名，如不義之財。對有的人來說，每張標籤都是一個徽章，需要傾盡無數心力才能做出些許成績，它們名副其實。對另一些人來說，每張標籤不過是便利貼，只能短暫地停留，風一吹就如過眼雲煙——它們名不副實。

↑ ↑ ↑ ↑

最後我想說，炫標籤，不如炫成果來得實在。這個世界有一點很公平，越容易到手的東西，越不值錢。你可以把林林總總的名頭掛滿一身，別人同樣可以啊！這不就是嘴皮子一動的事情麼？

而成果不同，它是客觀存在的，沒有任何人能拿走的，甚至足以伴隨你一生。何況，你的注意力在哪兒，能量就在哪兒。**一個人過於在意表面的身分，無形中消耗了本可用於修練自我的精力**。人這一生，會擁有許多不同的身分，它們隨著我們的成長而不斷變化。真正厲害的人，不會在乎變幻虛無的標籤。因為他們知道，只要經營好自己，一切便不會失去。

這行業不行？可能只是你能力不行

　　你有沒有發現，有一句高頻出現的「甩鍋」金句叫「這行業不行」。我最近一次聽到這句話，來自一位在5年裡換了6份工作的人。剛轉行線上服務業的他，滔滔不絕地舉了許多例子：「你看以前紙媒多風光？報社廣告費動輒上千萬元。」

　　現在他會說：「前兩年共用單車多火啊，沒多久就縮水得一塌糊塗。共用經濟一轉眼就蕭條了。」「我以前的鄰居做汽車配件，累死累活沒幾個錢，製造業能有什麼前途？」……

這年頭無數文章不厭其煩地教導你，不是你不行，是你的行業不行。好像只要換賽道，按下「Restart」（重新開始）按鍵，就能扶搖直上一樣。

哪來什麼一馬平川的「躺贏」行業啊，多少號稱月薪8萬元的工作，還不照樣被人輕而易舉地做成月薪8千元？

↑

踏入行業，不過是個起點。沒有什麼「好的行業」能一直長青，真正點亮前程的是你自身的工作能力與態度。我有個遠房親戚，前幾年在房地產公司做行銷策劃。她團隊所負責的項目，每平方均價接近10萬元，這價格別說在二線城市，就算在一線城市也算高端住宅。房地產過去5年，堪稱史無前例的黃金時代。

市場如火如荼，親戚卻大吐苦水：「策劃方案改了3版，真受不了！」「活動那麼多，忘記通知一個合作方有什麼大不了？」「行銷活動結束後居然還要提交結案報告，以為我們有多閒啊？！」

沒幾年，乘著東風的房市，又開始跌回谷底。房地產公司人員縮減，上司開門見山地給考核長期墊底的親戚兩個選擇：

● 留在原職位，只有基本工資和微乎其微的獎金；

● 轉做行政，雖降薪但收入至少不那麼難看。

親戚憤懣難平，最終不得不選了後者：成了20餘人團隊裡唯一被調職的人。潮水退去才知道誰在裸泳。行業浪潮此起彼伏，潮起時，行業裡的人再怎麼良莠不齊都能風光無限；潮落時，第一時間洗刷掉的就是價值灌水、滿身虛高泡沫的人。

↑ ↑

同個行業裡，頂尖的人都相似，出局的人各有各的姿勢。沒熱情、不動腦、缺態度、不專業……你不會想到，最初背景和薪資差不多招聘來的人，往往會走向迥然不同的兩條路。

電商公司的前同事R小姐，挺有感觸地說過一件事。曾聘來兩位營運助理，悠悠和小芒分別負責兩個平台的營運數據分析。沒兩個月，兩人的差距逐漸浮現。悠悠做得中規中矩，永遠是「三部曲」式工作：後台取資料放進表格、進行各項合計比較今昨兩日資料的增加或減少比例。小芒一開始先按照主管交代的做，幾次後，她提交的內容逐漸多起來，包括一些上司

沒要求的範圍。

比如，什麼商品上架銷售速度最快、哪種品類賣得最好、每天峰值出現在哪幾個時段……某天，小芒發給上司一份針對類型細分的用戶畫像，上司喜出望外之餘，特意開了一節內部課讓她分享自己整理營運資料的心得。

轉眼半年過去，R小姐至今對悠悠寫在半年總結中的一句話記憶猶新：「工作沒有挑戰性，無法發揮個人價值。」這句話果然引起上司重視——公司正準備使用新的貨品管理系統，悠悠做的一切幾乎可由代碼實現，而且更高效、更準確、更不費力。一步步被邊緣化的悠悠，不到一年就離職了。悠悠所在的行業和職位都不錯，公司發展得也有聲有色，可「無腦」被動的工作方式硬生生地把她弄廢了。

↑ ↑ ↑

有人總喜歡問，能力重要還是態度重要？行業重要還是職位重要？都重要！有能力沒態度或是沒能力有態度，不都會把事情搞砸麼？行業再向陽、職位名頭再響亮，個人沒有優勢便無法立足。日本動畫大師川尻善昭在《X戰記》中說：「人只會看到自己想看見的東西，只相信自己希望相信的東西。」

一看到誰在Ａ行業風生水起，在Ｂ行業平步青雲，在Ｃ行業吃香喝辣，便懊惱地一拍大腿，說：「我就是選錯行了啊！不然我也可以開外掛了！」無論哪個行業，站在金字塔尖的人都不超過10%。你看到別人擁有令人豔羨的一切，背後都有無數項你看不到的因素，包括別人的天賦、汗水、蛻變、機遇等等。

↑ ↑ ↑ ↑

必須承認，春光明媚的領域，肯定比秋風瑟瑟之地有希望得多。但於你而言，這個領域就像一張空白支票，能寫多少數字，筆終究握在自己手中。你可能碩果纍纍，也可能空手而歸。決定性的一筆，只能由你親手寫下。

更何況，「甩鍋」沒有一點用。如果你打從心裡覺得，周圍同事都很差勁，那請先想想自己是怎麼進入該職位的，又為何依然一把眼淚一把鼻涕地待著？為何不換個思維呢？

轉換思維1：使用「多選解題模式」

得心應手的事，最好別做太久。就算做同一件事，也請試著用新方法或不同方法解決。前幾天組裡一個程式設計師說：「這邏輯我以前都這麼寫！」專案經理毫不客氣地回了

句：「寫算法也有高效和垃圾之分，你打算就這種水準一直寫下去？就不動腦想想能不能更好？」

確實如此——更多解題思路，就意味著視野半徑越發廣闊。

轉換思維2：訂個小計畫

每週跑一次步、每天學10個單字、每月看一本書，稍微訂個小目標，自己的精氣神都將煥然一新。我從來不相信以順其自然的態度能將事情做到多麼可圈可點。當然，99%的人抱著「大家都是這樣啊」「差不多就行了」的念頭，這很正常，但如果你想成為那1%，擁有主動性和目標感都是必要條件。

能乘坐高大上的行業快車，固然是好事，但如果沒找到自己的位置，就容易在漸行漸遠中徹底迷失自己，說不定哪天便會猛然驚覺：「這車往哪兒開啊？我到底要去哪兒啊？」最關鍵的永遠是人。你還年輕，氣象萬千，別做垮了。

當青春與熱情日漸流逝，
如何找回好的工作狀態

　　每年都有幾個關鍵字，時不時地像電腦彈窗一樣跳到眼前：中年、30歲、焦慮。可至少8成的資訊，讓人看得垂頭喪氣：36歲收費站大姐除了收費啥也不會、中興42歲員工跳樓身亡、華為裁員34歲以上員工、高德地圖部門負責人39歲離職後失業8個月才找到工作。

　　年紀大就不值錢了？地球永遠屬於年輕人？怎麼辦，這樣一想感覺要完蛋了，踏入25歲中年分水嶺後趕快心疼地抱住自己蹲牆角哭吧。

你看看新聞，雷軍41歲才創辦小米，前陣子50歲的他還在學跳舞呢；你再看看電視，至今每條廣告還親自配音的董小姐，在36歲時，這位單親媽媽才帶著兒子南下打工。誰說沒勁是30歲後的主旋律？投資式視角告訴你：很多困境，並不是年紀的問題。

↑

在我眼中，投資的本質是資源的匹配置換。個人發展同樣如此，要保持最佳狀態，你必須讓「軟硬體匹配」。

我在第一家公司任職時，同批進來一位22歲的畢業生和一位34歲資深運維人員（姑且叫他們小畢和小資），兩人負責管理伺服器，小畢月薪1萬2千元，小資月薪3萬元。小畢挺好學，他每天9點上班，晚上11點下班，即便不加班也待在公司自學各種開發語言、專案管理等。在這裡說一下伺服器運維的日常工作：支撐人員需要24小時負責幾百甚至上千台伺服器，系統部署監測時一旦發出警告訊息，就算相關人員正在家裡睡覺也得立刻起來處理，這算是苦力活。

兩年之後，小畢到一家30多人的線上旅遊公司，成為技術小主管；36歲的小資兜兜轉轉幾番跳槽後繼續做運維。小

畢因為有一定開發能力，人也不驕不躁，現已在國內某頂尖互聯網公司擔綱技術專家。小資在幾次跳槽後的月薪，基本沒超過1萬元，依然是「資深運維人員」，上個月還在群裡吐槽他們部門不到30歲的經理，工資又高技術又爛。小資似乎在跑偏的路上漸行漸遠……

這世界不是比誰做一件事做得久，誰就厲害。沒有任何一個優勢是永恆的，年輕也是如此。

鮮衣怒馬少年時，有的是體力、精力、幹勁、時間，這時就得把優勢發揮到極致。行至半坡，以上優勢通通縮水，你再以「青年模式」套用在中老年身體上，繼續與年輕人拚體力、拚加班、拚學習能力，簡直是活生生的「系統與硬體不相容」啊。

↑ ↑

如《奇葩說》的辯手馬薇薇所言，自卑不是來自你的缺點，而是來自你沒有足以對抗的優點。每個階段都有珍貴的當下，中年相比年輕的優勢，顯然有三處：

1. 有錢

李奧納多在電影《華爾街之狼》裡演講的那句台詞振聾發

贖：我希望你們透過變得有錢來解決你們遇到的問題。沒錯，錢不是萬能的，但有錢確實可以解決我們至少8成以上的問題。

有朋友開玩笑問：「如果有時光機，讓你重回10年前你願意嗎？」我才不要！

那時我有什麼呢？一個「土肥圓」的窮酸學生，在寒風中流著鼻涕，寧可走路半個多小時也捨不得叫車。別說10年前，哪怕時光倒退5年，當下和過去相比，最顯著的優勢很可能就是比年輕時有錢。

投資、買房、創業、入股、做些小生意……把收入結構從主動型盡量轉為被動型，所以，倒推回去，在20多歲要重點做什麼？——好好賺錢積累籌碼，它將是避免淪為「懶喪窮」活標本的關鍵。

2. 有資源

至少有4種資源：物質資源、行業資源、人脈資源、知識資源。物質資源剛才已經說了，直接看後3個。

行業資源：每個人工作了幾年肯定對某個行業有充分的了解，對各個環節、參與角色、可能會出現什麼問題、哪些地方有機會，可謂瞭若指掌。此時的經驗值，絕非是你作為小白時可相提並論的。

人脈資源：我周圍不少跳槽或創業的同事、同學，都是在熟人的引薦下或與過去的合作夥伴二次聯手。可用的人脈（非朋友圈按讚之交）很可能帶給你意想不到的機會。

知識資源：資訊和經驗不斷輸入沉澱，知識體系越發完整強大，足以對外輸出成為別人所需的知識資源。

除了抬頭紋、大肚腩、體檢報告亮紅燈，最令人害怕的是，一攤手空空如也，面對各種調侃只能負隅頑抗。

3. 有心智

初入社會碰到些颱風下雨，便以為那是人生中的大風大浪。走的路多了，看待問題自然長遠深刻。至少，理性掉線的機率大大降低。就算有時衝動，日趨增加的體重也會告訴你：做人，要穩重。以前說一是一，如今舉一反三，相比「愣頭青」時的自己，現在就算摔倒也懂得用手撐地，而不是直愣愣撞破頭。

欲望與能力和睦共處，甚至相得益彰，自己要懂得俯瞰而不僅僅平視問題。「缺點和缺陷，如果一一去數，勢將沒完沒了。可是優點肯定也有一些。我們只能憑著手頭現有的東西，去面對世界。」不知道村上春樹是否在跑步至半坡時，內心才有了此番感慨。

↑ ↑ ↑

　　有的人30歲後，進入碩果纍纍的豐收時節；有的人卻隨著時間流逝，少年氣息消弭，頹廢爬滿黯淡的面孔。**人生是一場漫長的投資，四季更替，無論行至何處，順勢而為，好好利用此刻擁有的一切，就會讓腳步從容幾分。**

拉開同齡人差距的關鍵，在於「主動」二字

微信公眾號的後台有讀者問：「臨公子，我剛畢業，有沒有什麼快速在職場上出人頭地的辦法？」這個問題滿有意思。人生快車道，誰都想得到。我不由得想起前陣子去找朋友時遇到的一件事。

↑

我在朋友公司樓下的小餐飲店等餐空檔，隔壁桌有3位實習生模樣的小朋友在閒聊，引起了我的注意。姑且稱他們為小

A、小B和小C吧。

「你知道今天黃姐讓我做什麼嗎？」小A有些委屈地說，「幫她寫個議程小結，居然還說我寫得不好、沒重點。」

小B頗有同感：「你那算什麼，昨天上司還讓我去安排團建活動，可我是營運部門啊。」

「對了，你最近在做什麼？」A轉過頭問正吃著拉麵的小C。小C一邊樂呵呵地啜著湯一邊說：「其實瑣事也很多啊，整理分發會議紀要、找人修理印表機什麼的。我上個月也做過團建，有個旅行社的路線特別適合，同事們都挺滿意……」

這下A和B坐不住了，紛紛說C傻氣，幹這種吃力不討好的活兒。

你發現沒，這3個人基本代表了3類狀態：不想做、要我做、我去做。我們常說，畢業後的5年內，最容易拉開同齡人之間的差距。這些差距不是什麼技能、資源導致的，而在於兩個字：主動。

顏如晶曾在《奇葩說》節目裡說：連毛毛蟲都不想做，肯定不會有做花蝴蝶的一天。我覺得這句話可以這樣說：連分外事都不想做，肯定不會有飛上枝頭的一天。

↑ ↑

本職工作繁多的我，從去年開始，便找助理幫我處理部分公眾號事務。1號助理換工作後越來越忙，後來出現了2號小助理笑笑，她是一名大二學生。老實說，她真讓我越用越後悔——後悔沒早遇見啊！除了把我交代的事情做得井井有條，還時常帶來「驚喜」。舉幾個例子。

比如，她還沒幫我處理排版工作時，就主動推薦給我一款特別好用的外掛程式，方便看更多資料；我問她會不會簡單的PS，她說：「不會，不過我可以馬上去學。」從下載軟體到學習如何使用，再到給我符合要求的封面圖，前後僅一天。我有次隨口問她：「你對我們公眾號有沒有什麼建議呢？」過了幾天，她發來詳細的分點建議和營運資料，還主動把互推文案序號這樣的小細節優化了。

如你所料，這位助理做的事情越來越多，短短半年，她的薪酬也翻了幾倍。許多事情，我會先詢問助理的意見；我和助理之間，不像雇傭關係，而是合作關係。為什麼？因為她會主動思考、主動溝通、主動執行，這意味著她願意付出、願意承擔，而這態度對年輕人的進階之路，無疑是個巨大的加分項。

你只有以實際行動爭取到更多機會，才有可能抓住機會，步入快車道。

↑ ↑ ↑

估計有人會說：「我認真做好分內的事難道有錯？大家各自有分工，我手伸太長也不好吧？」我認為，如果你想更快脫穎而出，就必須拿出「做好分內事，多做分外事」的姿態。

我以前的上司，當他還是主管時，碰上一個對公司來說非常重要的項目。當時的上司特意抽調了七八個人組成一個專案組，這是一個從學歷到資歷都閃閃發光的小組，每個人都擔任過要職，堪稱黃金陣容。可到協作時，問題層出不窮：一會有人說某環節應該 A 負責，一會 B 說流程沒制定清楚，一會 C 說自己只做原定內容就行。明明每個人都是精英，湊在一起竟成了一盤散沙。因為大家都覺得分外事應該別人做。

事實上，這恰好說明了心理學裡一個概念——旁觀者效應。旁觀者數量越多，任何一個旁觀者提供幫助的可能性就越少。即便他們採取反應，時間也將延遲。抱著「各人自掃門前雪」的想法，不僅團隊很難辦成事，自己也很難實現價值，更別提加薪升職了。

聰明的人，把工作當作展示價值的舞台；糊塗的人，把公司當作拿錢辦事的工地。

↑ ↑ ↑ ↑

我曾在網路上看到一個故事。

一位學者去商城買東西時，順便去拜訪在商場工作的兩位朋友。這兩位朋友同時進入這家大商場做銷售員，如今，一位是商場的業務主管，另一位還是銷售員。敘舊後，兩個朋友一起送她到電梯口。這時，做業務主管的朋友發現牆上貼的商場通知單沒黏牢，快掉了。做銷售員的朋友說：「掉就掉吧，也不關你的事。」但是那位做主管的朋友還是把通知單先揭了下來，說：「一會兒我再黏好。」學者突然明白，為什麼他們一位是管理者，另一位卻依舊是普通員工。

前者想的是怎麼做對公司有利；後者想的是這事歸不歸我管。以前人家說「本分」是句誇人的話，而現在，這兩個字簡直就是罵人的話。如果你不主動去做盤子以外的事，到後來，事情一件一件都被別人做完了，你盤子裡的乳酪只會越來越小。

↑ ↑ ↑ ↑ ↑

　不少人混職場，走的是「多做多錯、少做少錯、不做不錯」的路子。看起來挺機靈，但問題出在哪裡呢？

　第一，你損失的，是自我提升的契機。佐佐木常夫在《堅強工作，溫柔生活》中說，現在的職場並非是最後的職場，請磨練出一些即使跳槽到其他公司也能通用的技能。老闆讓你做3件事，你就做3件事，假如哪天老闆想讓你做10件事，並願意慷慨加薪，但你只好說：「抱歉，我不會。」

　第二，扛風險的人，才最可能吃肉。經濟學裡有個說法，叫「盈虧同源」。這是什麼意思呢？比如購買股票、期貨等波動性資產，行情不如意時，資產可能瞬間縮水20%、30%甚至更多；行情好時萬山紅遍，開心得讓人合不攏嘴。風險越大，收益越高，這是金融世界裡亙古不變的規律。做了，固然有虧損的可能性，但如果你想取得超額收益，就得學會扛風險。

　真正優秀的人，都是懂得主動出擊的勇者。你會看到他們無論在最細微的日常，還是最危急的時刻，永遠是那個向前走一步的人。我從不相信有被動等待來的好運。被動與失敗，本是相互滋養的共生體。一個人從不想多做分外事的那一刻起，就已丟失了通往新世界的門票。

行業飽和了，還值得進入嗎？

近幾年，許多人對就業不看好，對工作失去信心，感慨選錯行業後的轉行代價太大。

我朋友的弟弟去年高考，填報專業時家人希望他選資訊類，他憂心忡忡地說：「網上都說電腦專業在市場上已經飽和了，聽說不少程式設計師都找不到工作，不知道5年、10年之後，這職缺會不會消失啊？」這話有幾分耳熟，就像我當年選擇電子資訊工程專業時聽到的一樣。

必須承認，時代斗轉星移，行業朝夕更替，但人們對「找不到工作」這件事依然有所誤解。

↑

　　網路上有人提問：國內的程式設計師是否過多了？實際上
這問題我幾乎每年都能看見好幾次。早在2000年左右，當時
美國互聯網泡沫破裂，就有無數人說「別學電腦，飽和了」。
可現實是怎樣的呢？我一畢業就進入互聯網行業，無論是上市
互聯網公司還是國營企業，對程式設計師的招聘這麼多年幾乎
沒間斷過。

　　不只程式設計師，許多看起來飽和的職位其實只是「看起
來」。有一次我分享了一門產品經理課程，有一位讀者留言：
「產品經理已經滿街都是了，現在去做為時已晚。」另外一位
讀者在後台發了大段文字，講述了他是如何被裁員的，感慨行
業職缺萎縮，想試試營運職位。

　　心理學中有個名詞，叫「投射效應」，是指人們傾向於按
照自己的感受投射到外界，以自己為標準去衡量。

　　用個人經歷代替行業趨勢，用主觀判斷代替客觀現狀。無
數人說IT行業不景氣，忽視了層出不窮的互聯網新職業；無
數人說新媒體大勢已去，但哪怕做副業也能月入過萬的比比皆
是；無數人說製造業已成夕陽產業，忽視了它們逐步轉型智慧
化方向⋯⋯

人的想法總是個性化的，一旦面臨失業，哪怕統計數字再輝煌也溫暖不了他。正因為如此，我們容易陷入一葉障目的困局中。就拿「程式設計師是否飽和」來說，我特別認同一位網友的答案：專業的程式設計師供不應求，湊數的程式設計師供大於求。有時候可能只是你不行，而不是行業不行。

↑ ↑

　　前陣子，由Netflix（網飛）拍攝的紀錄片《美國工廠》火了，講的是中國玻璃大王曹德旺到美國俄亥俄州去建工廠的故事，其中一幕是：一位勤懇的老工人在美國福耀玻璃工作兩年後，被解雇了。理由是他操作電腦的速度太慢，無法跟上生產節奏。很有意思的是，我有兩位朋友看過後，兩人的體會截然不同。

　　朋友A得意地說：「這就是智慧科技的價值啊。降低成本，提高生產效率，這年頭誰還願意靠大量人工去處理工作呢？」

　　朋友B有些唏噓地感慨：「我們這種敲代碼的，說白了就是鍵盤流水工，說不定被這麼開除也是不遠的事了。」

　　危機，是B眼中的危，卻是A眼中的機。我聽過很多關於

××崗位飽和的吐槽。不可否認，有小部分崗位確實進入供需瓶頸期，但它們對人才的需求並非停止，而是開始切換方向。

松下幸之助曾說：「商業沒有所謂的景氣與不景氣，無論什麼情況，非賺錢不可。」我對此深以為然。經濟不好，生意還是要做；行業不行，就要想辦法破局；飯碗端不穩，就得採取措施牢牢抓住飯碗。你最該考慮的是以下幾點：

第一，該行業的門檻夠不夠高？如果門檻低到誰都可以做，無挑戰無變化，難免出現惡性競爭或職位價值日益式微（收費站36歲大姐失業，就是個典型例子）。

第二，你的核心競爭力在哪裡？同樣的職位，不同人的水準可以相差非常大。公司和客戶為什麼要選擇你？你能提供哪些特殊價值？核心競爭力是你的護城河，也是你安身立命的東西。

一個機遇的含金量，從來不是取決於其本身，而是取決於你有多少籌碼把握好它。

↑ ↑ ↑

坦白講，許多人骨子裡害怕變化和競爭，其實大可不必。

一來，害怕並沒有什麼用；二來，變化越快，組合要素便增加了，意味著新的工作機會越多。

就像傳統媒體與新媒體，10年前連「新媒體」這3個字都沒問世，可如今已成為全面覆蓋人們生活的事物。曾經從事紙媒行業的人，開始新模式轉型；曾經寫書、寫部落格的作者，轉移到公眾號和微博，以另外一種形式繼續寫作。

比如外賣和網約車。大概5年前，網約車剛出現沒多久，我所在城市有大量的計程車司機到交通運輸部門集體抗議，要求針對網約車採取限制措施。5年後——我們有了網路代駕、共用自行車、共用汽車……以及積累的大量語音、圖像、場景感知、地圖、安全出行等資料，而且相關技術服務開始遷移至城市交通、物流、金融等多領域。當初誰又能想到，一個網約車技術能發展衍生出如此多的環節和職位？

再回頭看很多人擔心的，電腦行業有沒有可能遇到市場飽和的情況？至少目前來看，可能性極小。我們國家的人工智能、雲電腦、大數據等技術快速發展，IT領域需要的專業人才持續增加，尤其是高品質人才和新職業人才的缺口很大。

官方在去年聯合發布了13個平均年薪台幣100萬的新職業，就有100萬以上的市場缺口，它們都是以電腦為基礎，從而生根發芽的新領域。波克夏公司副董事長查理·芒格

（Charles Munger）說得很對，一定要習慣反過來想事情。所以你發現沒，當行業激烈變化時，恰恰是機會最多的時候；大環境不好時，恰恰是優質人才出頭的時候。

↑ ↑ ↑ ↑

我的一位從事Java開發的年輕同事，其工作水準一般。上週他和我聊天時無意中說：「還是UI設計師工資高啊，我最近也在學PS，看看以後有機會是不是可以轉行。」

我心中很是困惑，開發水準不行，應該先想辦法提高技能而不是跑去學UI啊！第一職業才剛起步，做得搖搖欲墜，就算學再多別的功夫又怎麼可能讓你出人頭地呢？

公司雇用你，永遠是看你最拿得出手的職業水準，而非學了多少不成熟的技能。不少人過於強調外界，而忽視了自己。行業是否飽和從來不是關鍵，關鍵的還是人。

有的人認為，行業工資太低、發展緩慢，焦慮之下頻繁跳槽轉行，最終在眼花繚亂的新聞和起伏不定的工資數字中迷失了自己。也有人認為，技術只是讓人換了一種工作方式，消褪舊的，新的來臨，工作變得更有趣、更有潛力，於是努力加快腳步跟上，盡力讓工作價值不褪色。

工作有兩個部分：主觀和客觀。客觀部分不會遷就你，該來的、該變化的，都將一一發生。而人的主觀則是更重要的部分，你需要知道別人眼下需要什麼、你能提供什麼，方可站穩腳跟。

　　最後我想說，不安全感是常態，適度焦慮也是常態，只是，希望我們都能積極地跑起來，別做那個脆弱的人。

第 2 章

下班後的4小時，
是拉開彼此差距的戰場

副業能給我們帶來什麼？絕對不僅僅是錢

　　我自認本職水準不算太差，職位已經是部門女性中最高級別，近5年拿了4次年度個人表彰和1次優秀團隊獎。但與此同時，我發現天花板近在眼前。這兩三年，我多了若干個身分，認知和想法發生劇烈動盪，曾經篤定的觀念如今被顛覆，曾經不屑的行為如今覺得很有道理。

　　其中就包括副業這件事。我現在可以推心置腹地說：如果你想在財富或成長上有所突破，副業是個高權重加分項。為什麼？

↑

　　拿加班時間去做副業，你難道就不能好好上班？實際上，做副業，何嘗不是一種加班？而它往往還是一種性價比更高的加班。

　　作為前「加班俱樂部」的一員，我對加班最深惡痛絕的時刻，不是在凌晨三四點的電腦前，而是在發現它帶來的回報遠低於付出時。

　　我朋友說他公司最近給員工加了不少福利，開始有加班費了。我問加班費多少，「每小時30元，」他有些興奮，「對了，還有晚餐補貼，算下來加班一晚上有100多元呢。」有加班費肯定是好事，但要知道，連家政服務的鐘點工都不止每小時30元了，何況軟體發展這樣的高收入群體。

　　看起來錢是多了，其實是以極低的價格買走了你的下班時間。好好加班，究竟有沒有可能換來理想回報？理論上確實有，機率上非常小。

　　除非你在創業或是處於一個創業團隊，有明顯的上升空間讓你的時間產生高溢價，不然，都是在靠勞動力賺錢——俗稱「搬磚」。

↑ ↑

個人也好，企業也罷，若想長遠地活下去，複合型的生存能力是必備品。簡言之，你要有B計畫、C計畫甚至D計畫……

我們都知道，麥當勞是一家漢堡速食連鎖店，可麥當勞創始人克羅格說：「很多人以為我是做漢堡的，其實我是做房地產的。」麥當勞門市所選的位置，不管哪個城市，基本都是市中心的黃金位置。他們甚至有專業的選址分析團隊，分析高潛力值的低端地段，然後低價買入，坐等店面升值。另外，餐廳加盟費也是他們的重要收入來源。從麥當勞的財報來看，營收利潤分布為：50%來自地產出租；40%來自品牌授權；只有10%來自餐廳「賣漢堡」的營運。沒想到吧？那位親切可愛的M大叔，原來是個房地產大亨啊！

一家成功的企業，從長遠來說，絕不可能只有一個盈利點或一個盈利管道。個人同樣如此。

我在互聯網行業多年，見過及聽說過許多活生生、血淋淋的失業案例。縮減業務以致裁掉整個部門、KPI不佳被末位淘汰、孕婦被各種理由勸退、生病後被取消全額獎金只發基本工資……有的令人無奈，有的令人寒心，可都無可避免地讓員工

同時經受精神和經濟的雙重打擊。

副業的本質，就是第二項賺錢能力，它對於上班族而言就是一種B計畫。行業下滑、企業失勢，萬一丟了飯碗，至少還能馬上端起另外一個飯碗。若想未來不失業，就必須提早考慮再就業。

↑ ↑ ↑

其實，副業還有個巨大的優點，它能優化你的收入結構。我上班沒幾年，就曾面臨失業的窘境。當時我的腦海裡第一反應是：完蛋，要沒錢了！和我一起面臨危機的同事更慘，他既有房貸，還有小孩，老婆由於懷孕後辭職，當時也正在找工作。這位同事當時的年薪超過台幣100萬元，就算沒有錦衣玉食，衣食無憂應該還是沒問題的。但他六神無主的神情，我至今回憶起來依舊歷歷在目。

收入結構遠重於收入金額。舉個例子，同樣月收入台幣4萬元，A的收入100%來自上班工資，B的收入來自於工資、兼職A、兼職B、店面租金、投資收益……你認為哪種更好？顯然是B，因為B的抗風險係數更強。

前不久，一位阿里巴巴員工在匿名社區感慨，稱自己目前的狀態混著沒意思。35歲的他，只有台幣860萬現金、一間套房和一輛車，認為自己的晉升空間很小，目前面臨兩個選擇：一是換個輕鬆點的工作，做一些投資；二是去創業公司。我朋友看完後哈哈大笑：「這問題真是屢問不爽。要是有三四間套房，百來萬的固定資產，基金、股票、債券、公司股權和一些副業，那看心情選就好，反正盤子夠大，現金流夠穩。」

我確實深有體會。以自己來講，這幾年最大的安全感，在於我的收入來源逐漸豐富。薪水收入、公眾號收入、寫商業稿件的收入、簽約作者收入、房租租金收入、投資傳媒公司的分紅、偶爾兼職設計單收入、投資各類理財產品收益……就算其中一項中斷，也不會讓我驚慌失措。

我越發認同兩句話。第一句是巴菲特所說的：「真正的風險，來自於你不知道自己正在做什麼。」第二句是經濟學家詹姆斯·托賓（James Tobin）的話：「雞蛋不要放在一個籃子裡。」

許多人從未意識到，有種薪水陷阱叫作「只有一份薪水收入」，或者認為副業只不過是多賺些錢而已，殊不知副業最厲害的地方是優化你的收入結構。每多一份收入來源，就多一點安全感。多線佈局，才是王道。

↑ ↑ ↑ ↑

絕大多數人拿著不上不下的工資，卡在收入水準的中間位置。到了一定年齡後，升職通道被種種主客觀因素限制，眼看著大門徐徐關閉，這時若能開拓另一條道路，無異於給自己一個柳暗花明的機會。即便你暫時沒有條件和機會，我希望你也不要放棄對第二職業、第二收入的追求。就像經濟學家薛兆豐所說：「生活可以忙忙碌碌隨大流，思想可以偷偷摸摸求上進。」因為下一個轉角，沒準出現在明年，抑或在明天。

如何開展副業，才能真正實現變現？

你是不是很羨慕靠副業賺錢的人？很好，我也是。前幾天晚上，有個學弟在群聊時說，有廠商開價1萬2千元請他寫一款數位產品的評測。群裡一堆電子控朋友沸騰了，隔著螢幕彷彿都能看到他們流口水。

「哪個產品啊？快發來看看！」「你可以啊，愛好都玩成職業玩家啦！」「原來是這個品牌啊？上一代我就有用，覺得一般。」

有人穿插問了句評測文章有什麼具體要求，但很快被大家對數位產品的好奇掩蓋。

總有人嘆氣，聽說愛好最容易發展為副業，可為什麼自己總賺不著？其實原因多都出在上述的類似場景中。

　　因為愛好一旦被賦予變現的期許，便自動多了三個條件：一是方向正確，二是技能靠譜，三是夠勤快。

↑

　　我一直愛折騰，覺得無聊時就會想找兼職。中學時，暑假帶著考級證書、獲獎證書跑到琴行問有沒招暑期工（然而人家說不收童工）。

　　近一年的愛好是寫作，倒也給我帶來一定收入。不時有人問我：「我也喜歡寫作，要怎麼賺錢呢？」事實上，愛好與賺錢並無直接聯繫，熱愛只能保證你夠持久，而非保證有人為此買單。

　　不管你是否有興趣，技能達到60分是起碼的變現要求。

　　我所在的一個寫作群，群主是「獨立內容供應商」，提供各類領域內容文案：從20個字的帶話題評論、電商小文案、品牌公關稿（甚至100萬字的圖書校稿），再到公眾號、知乎、微博、抖音等多平台，覆蓋面幾乎滿足不同階段寫作愛好者。

水準不夠可以提高，也能找相對容易的任務，關鍵是別懶。

況且我之前說過，機會不是平行分布的，而是層層嵌套的。有些機會看似是一張其貌不揚的入場券，你棄若敝屣，而別人願意彎腰撿起，那麼，那扇大門背後的世界就是為他們準備的。

↑ ↑

我有個同事是遊戲原畫設計師，比起別人心情不好時，去胡吃海喝、去KTV嚎叫發洩，她更願意默默畫一幅圖表達心情。

她一開始偶爾教親戚小孩畫畫，後來發現自己挺喜歡與小朋友相處，就開設了一間小教室在晚上和週末教他們畫畫。在沒有任何推廣的情況下，來上課的小朋友也有20多個。

於是她找了同學兼職幫忙，教小孩子寫硬筆字。有時帶小朋友參觀畫展、看藝術電影等，這些本就是她生活中不可或缺的一部分。一年下來，工作室的收入近80萬元，還收穫了滿滿成就感：一種把愛好播種至他人生活中，再看其生根發芽的成就感。

↑ ↑ ↑

　　G先生目前是一家創業公司的合夥人，多年來的興趣在於金融交易研究。

　　他除了看財報、分析資料、趨勢追蹤，自己還寫代碼實現策略模型（順便一提，他之前開發過資料庫）。我們日常的聊天經常出現以下類型的對話：

　　我：最近有什麼好玩的嗎？

　　G：做交易。哦，上週買的做麵條機器滿好用。

　　我：交易出什麼心得？

　　G：××家的研究報告一堆造假，配合圖形，太噁心了！

　　　　我告訴你，資料說是OO其實都是……

　　我：我們還是聊麵條機吧。

　　他的投資領域主要是股票、期貨，戰果可觀且日趨穩定，年化投資收益率甚至超過50%。想起多年前我還嘲笑他：「有當『韭菜』的功夫不如把精力都放在工作上。」現在想起來，真的是自己太天真！

↑ ↑ ↑ ↑

　　美國大學必修課教材《認識商業》自出版30年來，歷經9次修訂，長銷不衰。這本書的開篇即提出問題：你有能用來賺錢的愛好嗎？

　　發展愛好實際上是很好的辦法。很多人透過愛好找到自己喜歡做的事，甚至發展為職業，同時它足以消除90%的「迷茫症候群」，讓你逐步看清目標輪廓。

1. 你的擅長，往往出現在興趣點上

　　太多人終其一生都在彌補缺陷，越是哪裡不好就越想努力趕上，反而對自己擅長的事，輕忽怠慢。這完美地詮釋了一個成語：事倍功半。比如，你發現別人靠寫作賺錢，激動得奮筆疾書300天，卻忽視了自己壓根不愛寫作，更談不上擅長，僅認為要「堅持」，便在一條不想走的路上咬牙硬撐。

　　你看到別人靠投資每年收入超過80萬元，抱著全部身家衝進戰場，卻忽視了別人在愛好的基礎上，搜集了大量資料論證，不斷調整投資模型才擁有可觀的成果。興趣是最可能放大優勢的地方，前提是：真興趣。

　　什麼樣叫真興趣？不妨用職業和事業的尺規來判斷：「今

天上班了，明天還得上，這是職業。今天上班了，明天還想上，這是事業。」這同樣是愛好的試金石。

2. 花時間去發展一個愛好，永不虧本

前幾天有朋友問我每天寫作多久，會不會佔用太多業餘時間。我說：「2小時吧，加上處理相關瑣事，下班後的時間確實被壓榨得差不多了。」之後我想了想，如果沒寫作，這兩三個小時我會做什麼？刷手機？看視頻？玩遊戲？做這些事情確實輕鬆，但長期如此，將時間浪費得格外冤枉，只剩一丁點轉瞬即逝的多巴胺。

我們經常在還沒開始時就否定自己，尋找各種理由證明自己想法的合理性。但當你跨越山頭，看到的景象就不一樣了。

你開始意識到：

● 愛好中隱藏著諸多機會，它們是你唾手可得的寶藏；
● 你遇見了從前不可能遇見的人，看到了多稜鏡中的萬千樣貌；
● 能靠愛好賺錢，是件令人振奮的事，是足以反哺熱情的良性循環。

當然，以上通通刪掉，就算持有一兩件小愛好也是極好的事。世界那麼大，一輩子那麼長，只有做喜歡做的事，才可能過上喜歡的生活。

　　總之，由愛好生長而成的副業，給了你另一種選擇權和安全感，瞬間治癒包括「上班不順心」「調薪被駁回」「上司不認同」等多種職場病。當主業在你眼中變得溫柔可愛時，那份久違的初心也將隨之被喚醒，增添更多的幸福感。

斜槓青年＝收入 × N ？

「你根本不知道自己喜歡什麼樣的生活，直到你過上了這種生活。」麥瑞克・阿爾伯在寫《雙重職業》的時候，恐怕自己都沒想到，「斜槓青年」這個詞會成為未來10年，甚至20年的重要職業型態。

如果說前幾年還在推崇「木桶理論」，推崇一只水桶能裝多少水取決於它最短的那塊木板，這幾年風向標掉頭一轉，已指向「我不管你在其他地方有多糟糕，只要你某一點特別厲害」的長板效應。與此同時，我們也不滿足困在一種職業或身分中，越來越多的斜槓青年出現在眾人面前。

像特斯拉CEO伊隆‧馬斯克就很「斜槓」。他既是工程師、慈善家，又創立了特斯拉、支付巨頭Paypal、太空探索公司SpaceX及研發家用光伏發電產品的SolarCity等不同類型的企業。

久而久之，斜槓青年的樣板間成了網路上看到的這種畫風：作家／主持人／民謠歌手／老背包客／不敬業的酒吧掌櫃／油畫科班／手鼓藝人／業餘皮匠／業餘銀匠／業餘詩人……趨勢漸顯，認為標籤越多越厲害，斜槓越多，收入也越多。

若只是一味堆砌標籤，充其量不過是電線杆上的小廣告，更無法將「收入×N」的理想兌現。

斜槓青年確實有多元收入的寬廣空間，可問題在於，很多人忽視了隱藏的大前提。

↑

我所在的城市有個美食達人，正職是一名普通公務員。

2013年，他在微博上放了一些咖啡、美食、旅遊的圖文，同時有餐飲店請他免費甚至出錢讓他去體驗，只為能在他的微博以及幾個論壇上露臉。

由於他本身是中文系畢業，還喜歡攝影，優秀的文筆搭配

精緻的圖片吸引了大量讀者和合作機構。隨著時間推移,各種達人認證、平台特約旅行家、頭條作者、簽約自媒體的標籤一個接一個地出現在其介紹中。當然,除了上班,他的生活基本被兼職工作、採編、談合作填滿,經常是週五一下班直奔機場的節奏。他的身價隨著知名度水漲船高。

斜槓帶來的紅利自然也體現在收入上,按照他在朋友圈的說法:「發一則文抵得上一個月工資,終於有點兒欣慰。」去年他還實現了一直以來的願望:開一間咖啡館。

如果說10年前的職場人,就已不滿足一輩子待在同一家公司,那麼眼下,很多人已不願意一輩子從事同一份工作。斜槓,無疑是在本職以外的新世界。但要想玩得風生水起、收入可觀,有兩個前置條件:

● 已是不錯的單槓青年;
● 斜槓的產物,對大眾有價值。

首先看第一點。要想1＋1＞2,每個「1」都必須站得住腳。如果是主業工作以外的兼職,必須在主業完成得可圈可點的基礎上衍生而出。如果所謂的個人職場本就由幾個領域組成,那麼,至少每一個領域單獨拎出來,在行業平均線上應該

處於中等以上。不然你憑什麼呢？沒有人會為你的頭銜夠炫夠酷而買單。

其次，是你所能提供的價值。無論是斜槓還是單槓，交換價值決定你的商業價值，其實質就是別人願不願為你提供的產品花錢或是花時間。畢竟世界上，時間和金錢是大家最在意也是最好量化的。

↑ ↑

前段時間我在論壇上看到一位網友的留言：「我也喜歡素描，但總沒時間畫更沒空去上課，大概一兩週畫一次吧。」而他的頭像旁邊簽名是：喜歡寫作、畫畫、旅遊、看書的斜槓男孩。

愛好多肯定是好事，可由此以為自己是斜槓青年，就有點輕率了。在我眼中，斜槓意味著一份職業，尤其當你將它視為「收入×N」時。無關乎情懷，無關乎初衷，無關乎興趣，即便它不是主業，也無法給你帶來豐厚的報酬，但它依然是一份工作。但凡有「職業」二字，就應該是腳踏實地的。

它或許是花費無數個日日夜夜畫出來的1千幅畫，它或許是所有業餘時間混跡於代碼的開源社區，它或許是揹著相機走

街串巷，按下的2萬次快門，它或許是每3天看一本專業書籍的持之以恆。不能為之付出的熱情，都是過眼雲煙。先不奢求成為「匠人」，可至少得是個「職人」。而職業，必須以專業作為支撐。

所以，若你捶著胸口仰天長嘯：「我那麼喜歡×××，明明是24K純斜槓青年啊！」不妨捫心自問，有沒有認真對待它，把它當作正經工作？答案或許就呼之欲出。

↑ ↑ ↑

有人或許會覺得自己從沒想過做斜槓青年，我說的一切對他們來說沒有用。那麼，斜槓又有什麼意義呢？我們可以不做斜槓青年，但必須具備斜槓思想。

前面提到，越來越多的人現在並不滿足於單一身分。他們期待更高級的體驗，甚至期待跨界帶來的奇妙化學作用，來滿足他們不斷發酵的好奇心。這種期待，是人類發展到一定階段後的本能反應。

愛因斯坦曾說，誰要是不再有好奇心，也不再有驚訝的感覺，誰就無異於行屍走肉，其眼睛是迷糊不清的。現實中，多數人會被家庭、生活中各種客觀因素所限，渴望嘗試卻因想贏

又怕輸的心態遲遲不敢調轉航線，改變軌跡。因此以職業化態度成為一名斜槓青年，將鼓勵你發現自己真正喜歡和擅長的事物，並傾盡所能地投入。

在新的領域小試牛刀，拓展自己更多的可能性，將是成長的重要契機。但要怎麼當斜槓青年才算正確？我個人偏好關聯愛好，或關聯工作。只有喜歡，方能持久。一方面可以運用前期累計的技能和認知展開相關工作，另一方面，主業和副業容易形成共同學習、相輔相成的彼此補給關係，由此讓斜槓的標籤更加牢固，更加光亮。

不論是哪種，成功都是垂青於那些持續輸出、持續分享，歷經春夏靜待秋收的人。或許快速翻新的互聯網時代，是給我們不斷挖掘身邊寶藏的最好土壤。

工作之餘，該不該花時間考證？

　　世界上的事再怎麼變化，有些事卻亙古不變，比如人們對金錢的追求。

　　經常有人擺出靠考證照賺錢的案例，隨之引發「考什麼證照最值錢」「哪些證照對職場最有幫助」「20歲出頭適合考什麼證照」之類的討論。之前有朋友轉給我一篇某「大神」曬出靠十幾本證照、每年光靠證照收入近80萬元的案例，這種一勞永逸的「躺贏」收入已經超過許多白領一年的辛苦錢了啊！「你說，這方法可行嗎？」朋友問。

臨公子雖然算不上證照達人，也算從學生時代開始陸續拿下六七張證照。說真的，這事得分階段才能給出答案，還得避免本末倒置。

↑

第一階段的證照基本可作為走出象牙塔、步入職場的敲門磚。像英語、電腦等級考試，雖說證照的分量有限，但有肯定比沒有強。

重點放在兩個地方：一是專業相關認證，二是比較有代表性的行業認證（哪怕初級）。比如，我大學讀電子資訊工程，這是個「軟硬兼施」的專業，所學既包含軟體又包含硬體。

於是我先考了一個網路工程師，又拿下嵌入式軟體工程師，閒暇時自學了PS、基礎測試方法等。我當時的經驗和能力都有欠缺，論實力絕對被當時的行業標準按在地上摩擦。但這些證書卻成為我還未畢業就拿到錄取通知、進入上市互聯網公司的加分項。

我的一個同學在外語學院，雖然讀中文系，可她早早考過英語和教師相關證照，這也成為申請實習機會時履歷上的亮點。所以首先你要明白，同等條件下，專業證照絕對是一種看

得見、摸得著的優勢。你設身處地想想，假如你是老闆，面對同樣學校、同樣專業、同樣是拿獎學金的應聘者，有認證加持的是不是偷偷讓你內心的天平傾斜幾分？退一步說，就算與專業無關，這些證照沒準也能變成一個小小的驚喜點。

↑ ↑

第二階段，盡量讓證書成為你的籌碼，盡量將它們往你的職業規劃上靠。它們是你升職加薪的捷徑，也意味著更多職業機遇。

不少人覺得，證照不就是鍍金嗎？實力才是最好說明！要知道，鍍金鍍得厚，含金量也是實實在在的。

去年有個老員工離職，據說理由是幾年來都做重複的事，工作沒技術含量，始終沒晉升、沒加薪，想換換環境。可換環境後會打開新世界大門嗎？不會。無數類似的案例證明，這樣情形下跳槽不過是揚湯止沸，很可能換了份差不多的工作，沒多久又重新走上老路。我們都明白，在職場中最要緊的是個人的核心競爭力，如果說能力、經驗是你的軟技能，那麼，學歷、證照就是你的硬條件。二者交相輝映固然最好，若軟實力不夠，擁有硬條件也是好的。

前同事小棋在人事部門，其學歷背景一般，外貌身材平平，就是那種最普通的「便利貼女孩」。別的助理一下班就和朋友相約逛街，她自學並報考通過了人力資源管理師，沒多久報了商務英語課，接著又閒不住考了經濟師。一年多後，她跳槽到一家互聯網公司成為HR，負責招聘職能單位人員，之後轉為業務。3年過去，她已經成為海外部的商務經理。

機會是留給有準備的人的，有準備的人，才看得見機會。

↑ ↑ ↑

此時，若你該考的證照都考得差不多了，或是本職工作比較清閒，個人自帶「學霸」體質，倒可以考慮證照出租這種被動收入模式。

許多公司鼓勵員工考證，通過後將證照放在企業用於參與投標、申請資質等，且每年給予一定費用。若掛在非所在企業，一般建築或工程類證書相對搶手。就像建築公司，假如沒有取得資格證書，就算擁有再多的註冊資金也不能承接施工。企業需要承接更大的工程，就需要升級企業資質。

我一位朋友的師兄，是註冊岩土工程師，當我們聽說不修邊幅、每天穿著灰不拉嘰Polo衫的他，除了年薪將近160萬

元，還有以每3年140萬元放在公司的證書費時，差點驚掉雙下巴。這裡還想補充一點：考證的首要目的，是讓它成為你的加分項，不要本末倒置，為了考證而考證。什麼意思呢？之前有位36歲的全職媽媽問我，她原先做過行政，離職時薪水1萬6千元，現在想重回職場，要不要先考個什麼證。

我：你打算往哪個方向發展？

她：職能類吧，行政、人力、培訓都行，最好別太初級。

我：我建議不如學些實用技能，考證的意義不大。

她原本的工作內容簡單且偏操作層面，說句有點殘酷的話，這類職業不會因為年齡的增長而變得「高級」，反而劣勢隨之明顯——因為一位入職3年左右的員工就能接手工作。

年齡與技能不匹配，這是她最大的硬傷，而非有沒有證照。不如琢磨下自己的興趣愛好，學些實用技能，比如PS、文案寫作。擺正自己當前的位置，才能找到更適合的位置。

↑ ↑ ↑ ↑

我經常聽到這樣一種聲音：「這證考了有用嗎？等以後需

要了再考也不遲。」「以後」是什麼時候？是你猛然發現某家心儀的公司優先錄用持有A證的人的時候？是你得知員工考核時如果有B證能加10分的時候？還是只有拿C證的人才能進公司Top3項目組的時候？那時你估計只有旁觀的份了。

何必等職業危機來了，才考慮職業發展？《奇葩說》的肖驍說：「我們人生之路之所以越變越窄，往往不是因為我們不夠聰明，而是我們不再有變好的欲望，也不再相信努力有用。」

別以為做什麼都沒有價值，便默許自己什麼事都不做。取得貼合你職業生涯的高含金量證照，無論對前途還是錢途的幫助都不容小覷。

在25歲不主動選擇，在30歲就只好被動選擇，到35歲就沒得選擇。希望在我們未來的履歷上，不僅有傲人的戰績、有畫龍點睛的資歷，還有足以選擇對方的底氣。

怎麼管理時間，才能讓日子過得更充實？

「聽說你靠副業賺錢，真羨慕啊。我也想這樣，可就是沒時間。」一直以來，我都能聽到這樣的聲音。「沒時間」，這3個字似乎與「沒有錢」一樣，成為席捲所有人的社會病。

我周圍的朋友們，無論從事什麼行業或處於什麼年齡層，似乎都忙碌且焦慮。有一位讀者說，她最近業餘寫書摘，但一週都寫不出一篇；之前想做微商，上班時又很難兼顧。下班後8小時，永遠被敲打得支離破碎。時間瓶頸就像龐然大物，始終繞不過。

我們經常認為，過得不好是因為沒有錢，事情做不成是因

為沒有時間。但現實是，碎片化的日常對多數人而言是常態。

那麼，怎麼樣從時間中榨取財富？我有幾條掏心窩子的乾貨經驗。

↑

先說需要考慮的兩個方向：

1. 精力狀態

不少朋友下班後根本無法從沙發上爬起來，不管因為太累還是太懶。如果做一些體力型的兼職，99% 得不償失。

我的上班性質是項目型，忙的時候，連歇下來喝口水的時間都沒有，連續半個月每天工作十幾個小時；不忙的時候還算從容，至少不會加班。沒寫作之前，我屬於每天晚飯後散散步、回家刷刷手機，再看看綜藝節目，歡快得像隻樹懶。

沒把精力水平線控制在合格以上，什麼也幹不成。如果你像愛因斯坦成名前那樣，在專利局做審查員，收入穩定、工作清閒，精力自然不是問題。如果上班真的已讓你精疲力竭，真心建議就此好好休息放鬆一下。

2. 時間成本

不管做什麼，如果你想讓它產出收入，時間成本都是必須

考慮的。之前有不少朋友說：「我把精力放在主業上，積累到一定程度不是照樣厚積薄發？」這就要看你主業的發展狀況如何了。

有個朋友從事機械行業，周圍有的同學在事業單位，說幹10年熬到32歲年薪就48萬元了。殊不知，10年前跑去做銷售的同學，第二年就48萬元了。另外一位高中的電腦老師，年薪28~32萬元，業餘做教學類課程，雖不太穩定，每年收入也有80~120萬元。多數人薪資漲幅曲線越到後期，上升得極其緩慢，而投入時間不變，於是整體性價比不斷走下坡路。

每個人的時間有不同的價碼，學著衡量做一件事付出的時間成本，你就會主動去做那些含金量高的事情，才可能變得越來越富有。

↑ ↑

說完方向，再說4點時間管理實操法。我之前遇到的情況估計與你們類似，死磕網路上的時間管理大法，壓了滿滿一頁待辦事項列表，給自己猛灌心靈雞湯。結果心理壓力太大，以至於自暴自棄，晚上檢視時直接把當天計畫撕掉當作沒發生……可是，我現在是怎麼做呢？

1. 優先順序清單

我每天早上依然列張清單，分為工作區和個人區兩個區域，裡面再各自有兩個分隔，一個是今天計畫做的（高優先順序），另一個是可隨興做的（低優先順序）。

☑ 公眾號文（剩1/3）寫完
☑ 商業稿大綱
☑ 修改下週一＋下週四的文章
☑ 發文＋互動
☑ 同步
☑ 同步
☑ 查看稿件
☑ 下週廣告確認方案
☐ 看助理的意見回饋
☐ 寄送合同
☐ 商業稿大綱確認
☑ 摘錄文章

某一天的個人待辦事項列表

稍微做個分類：有的任務是必須完成，不然影響進度或後續工作；有的任務做不完也無妨，因為本來耗時就比較久或留出的時間比較充裕。工作也是同樣方式。

我通常在當天早上一到公司，先把當天「工作」與「個人」這兩個部分的計畫列好，之後開啟「打鉤」之旅。

2. 效率為王

要多做一點事情，肯定沒辦法磨磨蹭蹭。於是，效率是逼出來的。我一天中大多數的有效行動，如工作、寫作、自媒體經營、運動等等，全部是計時完成的，統計下來，每日的有效時間在10小時左右。效率這點很好理解：別人要花3小時，你能在1~2小時內做好，則剩下的時間就更多。

時間和金錢一樣，都是賺出來的。這裡介紹個簡單的方法：單線程模式。許多人覺得多線程處理很高效，實際上，有科學數據顯示，人的持續注意力只有8秒，同時做多件事反而容易降低效率。單線處理加上快速切換，能讓你的效率更集中。

3. 時間切割

根據自身狀態，我把每天的時間如庖丁解牛似地切割，對，就像切肉一樣，分為上等肉、中等肉、下等肉。

上等：最優質的時間段。晚上7:30~10:00，沒有任何打擾，狀態相對好，最適合寫作。

中等：晚上22:30~23:30，以及中午時間等。

下等：碎片時間。適合溝通、確認5~15分鐘能解決的事。

不同品質的時段，對應做不同重要等級的事，然後穿插而行。順便一提，我用大部分的碎片時間來休息，像吃完飯放空、偶爾走路回家（我一般騎共用單車上下班，當作鍛鍊身體）。

4. 花錢找人幫忙

從去年開始，我找了助理幫我處理排版、內容分發、互推、授權開白等公眾號事務。時間價值逐步上升時，將一些低效能產出的事付錢找人做，等於付錢省時間。我們想做更多有意義的事，繞不過兩個關鍵字：「外包」和「捨棄」，即有選擇性地去做事。

為什麼外賣那麼火紅？為什麼快遞員那麼忙？為什麼越來越多人買掃地機、洗碗機？因為他們能幫你省時間！每年365天、每天24個小時，像老天爺送給所有人一塊同等面積的土地，但是——**如果你埋頭囤囤著過，這片地無異於荒漠，只能長出狗尾巴草；如果你用心開墾播種，這片地沒準能成為綠**

洲。

　　以上幾點，是我這兩年實踐後發現挺適合自己的方法，希望能緩解大家的「盲忙茫」症候群，也希望你的土地裡，早日開出令人驚豔的花。

門檻太低的錢，最好少賺

最近和一個做電商的朋友閒聊，他挺感慨地提到一件事。他臨時找人做商品編輯，每篇80元，大概需要10多篇，將圖文資料按照一定要求簡單編輯即可。當他在一個兼職群裡問了一聲後，立馬有三四十人私訊表示願意做。令他猝不及防。

這年頭有無數文章不厭其煩地教導你，只要努力就有賺錢機會，但這話其實經常被誤解為「有錢我就賺」。

去工地搬磚、幫別人打字等等確實都能賺到錢，但我說句不太好聽的話：門檻太低的錢，最好少賺。這事做久了，沒準得不償失。

我們知道，收入多少呈金字塔分布，事實上，薪酬數字只是表象，你站在金字塔哪個位置，是由多少人可替代你決定。

　　我從去年開始開放徵稿，當時樂觀地以為從此不僅有更豐富的內容視角，還能釋放我一些寫作壓力，一舉兩得！然而，哪怕我願意花2~3小時去改稿，符合要求的稿件也寥寥無幾。我與一些自媒體朋友聊起時，他們也有共同的感受：寫作的人非常多，但好作者、好內容，真是太難找了！

　　有位讀者問我：「臨公子，你公眾號容易過稿嗎？」我老實地回答：「不太容易。」「你要求有點兒高，」他停了一會說，「如果降低標準，我應該符合你的要求，我每週寫八九篇沒問題，而且我目前可以長期供稿。」

　　說罷，他發來兩篇文章，一篇是800來字的短篇小說，一篇是詩歌。這與我公眾號的調性完全在兩個次元。其實我能理解他的想法：寧可多寫幾篇120~200元的稿子，也比寫幾千元的稿子來得「划算」，畢竟過稿率高，沒有太多要求。

　　但正因如此，如這位讀者所說，門檻低的約稿業務經常被小團隊打包接走，他們有兼職寫手，出稿速度快，價格還便

宜。到後來，頗有幾分低價競爭的味道。

許多人常常有一個誤導性的錯覺——容易賺錢的領域，機會更多。可你忽視了，那個領域由於門檻太低，競爭者遠遠多於機會。

投資家班傑明‧格雷厄姆（Benjamin Graham）說過：「如果總是做顯而易見或大家都在做的事，你就賺不到錢。」你能做，任何一個人都能做。

人家為什麼要找你？於是，你只好靠咬牙自降身價、拚命提高產出數量來博取機會。這便是殺敵一千自損八百啊。

↑ ↑

一直以來我都有個觀點：一個人如果純粹為了賺錢而去工作，是件非常可惜的事。

因為一份時間，你只出售了一次——賣給老闆。可聰明人懂得將一份時間至少出售兩次：除了老闆還要出售給自己，賺取能力。否則，你的水準原地踏步，就很難提高每份時間的單價。

我以前公司有個行政小助理，她被安排到的任務很簡單，不外乎貼發票、寫會議紀錄、歸檔文件之類的瑣事。帶她的前

輩也不怎麼認真，很少教她和指責她。

小助理反而興高采烈地逢人就說，這工作就是她理想中的樣子。轉眼兩年過去，其他助理開始轉去做HR、商務、營運等更高一級的職位，而這位小助理，依然是級別最低的那種助理。

沒多久，她辭職後又去找了一份助理工作，據說薪資只多了幾百塊。不得不說，得心應手的事，最好別做太久。心理學家羅伊‧鮑邁斯特（Roy Baumeister）曾提出一個叫「自我損耗」的理論，你每做一個選擇、每做一件事，就會損耗一點心理能量。

簡言之，你做的任何一件事都有時間成本加心理成本。所以，虧本買賣，一定要少做。

輕輕鬆鬆工作幾年，付出寶貴青春，好像賺了點工資，又好像只賺到工資，這才是最令人痛惜的地方。

↑ ↑ ↑

有人估計會問：「難道大家都要吃力地去賺辛苦錢？」

其實，很容易賺到的錢，恰恰最可能是辛苦錢。

挨家挨戶收快遞，辛苦忙一天還抵不上一家企業發一件訂

單；寫評論幾塊錢一則，寫1千條還抵不上一篇文章的稿費。

收入遵循一個原則：收入＝品質×數量。

增加數量，看似能快速提高收入，可一個人的勞動力有限。相比之下，提升品質（或者說提高客單價），上升空間卻很大。這才是根本性的破局之道。那麼，如何在「品質」這項上做得出色？

1. 多動腦

在工作中，不少人是憑感覺和慣性做事。

什麼叫動腦？舉個例子，比如產品助理通常被要求會寫簡單的需求文檔、使用幾款基本軟體、協調溝通、搜集資料等。當你整理好原始資料後，可以主動嘗試分析，把資料發給上司時，哪怕附加一句結論性的話，都是加分項。其他工作同樣如此。

你有沒有想過一件任務背後的目的是什麼？你有沒有想過更高效的新方法？你有沒有想過你在整個計畫中的作用？

作家蔣方舟特別認同一句話：「每個人都是自身經驗的囚徒。」從你放棄思考的那一瞬間開始，你的一隻腳已踏入那個隱形的牢籠。

2. 追求更高的標準

有位網友問：「我做新媒體營運，不過做的都是寫活動

策劃、寫推文、排版之類比較初級的工作，感覺沒什麼挑戰性。」

那你不妨多看看中級甚至高級的要求。不僅有提升的參考，還能針對性地單點突破。

↑ ↑ ↑ ↑

鳳凰衛視主持人竇文濤在《圓桌派》曾說，擊倒對手的那一拳，經常是你不擅長的左手打出來的。太順手的事，不會有驚喜。關於能賺取「容易錢」的工作，如果眼下的時間暫時不太值錢，做些也無妨；但如果你的時間價值在未來水漲船高，就必須有選擇性地賺錢。

門檻過低的錢，雖觸手可及，卻也只是觸手可及的「三無」小錢而已——無空間、無挑戰、無進步。人想要變得更好，還是要在上坡路上奔波，人想要變得更糟，那就走下坡路，怎麼輕鬆怎麼來。只是，這世上有兩點始終無法改變：

● 上坡路註定不可能舒服；
● 越往上走，你的能力越強，能與你競爭的人反而越少。

共勉。

從兼職到副業，差距並不是錢

　　大部分人是不滿足於自己薪資的，無論是3萬元還是30萬元。

　　除了主業，副業帶來的誘惑力有增無減。有位網友問我：「你覺得兼職與副業有什麼區別？副業是不是更高級些？」我覺得這個話題挺有趣，說一點我的看法。

↑

　　工作是兼職或副業並不重要，最重要的是在於能否利用時

間的複利，即看能否積累。

上學時期我曾做過琴行雜工、賣電話卡、培訓機構推廣、神秘顧客等兼職，目的簡單粗暴：就是為了賺點零用錢，跟學業和未來規劃無任何關係。那些工作有幾個特點：錢不多，來錢快；門檻低，以勞動力為主；重複性高。

什麼叫重複性高？比如你今天端盤子，明天端盤子，明年依然端盤子。隨著時間推移，你在這份工作上的身價並未水漲船高，而是釘在某個很快就達到的「熟練工」時刻。

學生時代我覺得沒有任何問題，說不定自己能尋著機會還沒踏出校園就積攢下第一桶金。可當你踏上職場，你的時間成本將越來越貴（尤其畢業後0~5年），甚至被明碼標價。原本賺100元，你人力成本只要30元；現在賺100元，人力成本沒準就飆升至200元，得不償失。

此外，如果你兼職就是為了「賺快錢」，那麼，很有可能除了錢以外什麼也沒得到。因為將時間100%兌換成現金，一物換一物，沒有任何溢價。

↑ ↑

許多關於開源的文章都建議，工作外的收入要盡可能與自

己的專業或愛好相搭接。

有的人會認為自己沒什麼愛好，工作專業性也不強，就是時間多，並不介意多做幾份勞務工。我來講一下自己的經歷吧。

我工作後，賺外快之心不死。那時我朋友的同學，業餘時間接英語翻譯兼職，翻譯一些文檔協議，我也趕緊去試試。才發現真的是……自取其辱啊！這才發現自己的程度去翻譯帶專業背景的內容根本不行。

千字左右的英翻中，我折騰了大半天，發現性價比低到令人髮指，於是我灰溜溜地作罷。接下來挺長一段時間我並沒做太多兼職，一是確實不知道從何入手，二是當時也想把職場能力打磨好，接連考取了幾項專業證書。直到同事讓我幫他朋友公司做一個小產品的需求設計。

設計核心框架，我大概花了三四天時間，收入是1萬2千元，之後我又零星做了幾個專案，開始陸續留意產品設計的工作。

說實話，我發現兼職的市場價雖參差不齊，可當你做到一定程度，收入都差不到哪裡去。比如，我以前所在的一個按需雇傭的專業開發平台，全平台最低時薪4位數起。我目前團隊裡的兩個專案經理，都曾在外兼職開發項目，其中一位之前還

問我，有沒有適合的程式設計師、產品經理、UI推薦，他手裡有個將近40萬元的分包正愁沒人做。

這些兼職專案是我工作的延伸，對本職相輔相成（我曾碰到一個全新行業的系統，恰好是我兼職時接觸過的，當時上手很快）。

看似同樣打工，但除了錢，還獲得了工作經驗值，它反哺到職場中，就形成了一種時間溢價。比如我感興趣的寫作。

從2016年開始隨心所欲地寫，到後來接到約稿、品牌文等等，相關收入逐漸增加。從普通興趣→打磨→變現，時間不算太短，至少一兩年，而且過程中經常遇到瓶頸。

譬如我接過千字4千元標準的約稿，如果說我寫公眾號文章用了6~7成的功力，千字4千元的約稿逼出我至少9成以上的功力。字字推敲打磨，說「輕鬆躺賺」那是騙人的。

之後給自己打工，價值隨著時間不斷放大。一開始微乎其微的可能性，後續逐漸輪廓清晰，發現更多躍躍欲試的空間。

總之，基於專業或興趣的兼職相比純勞力兼職，雖然賺錢速度慢，可它帶有「高溢價」，更容易深耕、更容易看到變化，成為穩定且無上限的收入管道。

↑ ↑ ↑

　　對此我的建議是，選擇門檻低的兼職沒關係，多思考一下這些工作對你今後有哪些幫助。嘗試後發現自己擅長什麼，就往那個方向努力。

　　就拿常見的兼職網路客服及新媒體助理來說，網路客服，僅為客戶提供商品資訊、回覆諮詢，新手在短期內就能上手。但如果你從中學習推廣行銷方法，比如文案怎麼寫更打動人？什麼管道適合什麼樣形式的推廣？哪種活動轉化率最高？日後自己開網店時自然駕輕就熟。

　　新媒體助理從每篇40~120元的排版，到每篇幾百元的內容輸出，再到每月好幾千元的AE（客戶執行），兼職收入高低是一回事，其中的要求亦截然不同。你必須清楚從中能得到什麼，能否對你發展有幫助，抑或從中可挖掘出更多可能性。

　　至於開篇那位網友問「副業」是不是比「兼職」更高級些。我認為，無論是兼職、副業、創業，還是斜槓青年，頭銜無所謂，最關鍵的，是你對自己所做的心裡有數。

有種合作叫作：要讓中間商賺差價

↑

等公車空檔，背後傳來一陣爭吵。車站後面是一家房仲店面，一位50歲左右的大姐和一個年輕小夥子站在門口，爭吵聲越來越大。

「大姐，我陪你看了快兩個月房子了，賺點仲介費容易嗎？」

「就看你不容易，所以才讓你從1.5%降到1%嘛，不然我

早找別人做了。」

「你之前已經壓到 1.5% 了，總價又不高，我也要吃飯的啊⋯⋯」

「反正我有房東電話，還認識其他仲介，你自己看著辦吧！」大姐的語氣和表情絲毫沒有退讓的意思，側身一副準備走的模樣。

「你以為這房子賣不出去啊？」小夥子口氣強硬起來，「你摸著良心說，你要求這麼多，我找了多久才找到這套？1.5% 已經夠低了，你之前不也說沒問題嗎？怎麼⋯⋯」話還沒說完，店裡跑出來一位稍年長些的人，匆忙把他們拉了回去。

腦海中浮現出一句廣告語——「沒有中間商賺差價」。且不說是否有這樣零差價的平台，這句口號如此流行，恰恰擊中多數人的一種心理：一看到別人從自己身上賺錢，全身不自在。這種零和心態，看似精打細算，實則只會畫地為牢。

↑ ↑

我有個鄰居是一位全職媽媽，有段時間批發了一些小商品放在社區門口的店鋪賣。經常有人有意無意地問她：「你這成

本大概多少啊？批發價應該挺便宜的吧？」

反倒是一些親近的街坊，買東西時二話不說，甚至囑咐她：「你賣這價可別賠了。」鄰居說：「沒事，都是熟人，我也是賣著玩的。」街坊們一個勁兒地搖頭：「不都得花時間、花精力去做？可不能讓你做賠本買賣。」你有沒發現一個奇怪的現象？我們都喜歡找熟人辦事，可熟人報價時我們又想著他是不是沒給我最低價。即便低於市價，都抹不去一絲顧慮，總認為似乎可以更低些。但是，越是熟人，我們越要讓人家賺錢。

交易過程本就包含許多隱形成本。你一心想著熟人賺了你多少錢，他們給的是不是最低價，而不去思考他們幫你省了多少錢、省了多少麻煩，這種低級思維只會讓周圍人逐一離你而去。與再熟的人進行交易時，如果他們沒有獲利，時間久了肯定不耐煩。讓對方有所獲利是維護關係的良方。你有一塊糖，分我一點甜，大家都會很開心。

↑ ↑ ↑

我始終堅信，願不願意分享利益，是評價一個人或者一家公司是否可靠的重要依據之一。「走別人的路，讓別人無路可

走；賺別人的錢，讓別人無錢可賺。」這句話看起來超級霸氣，其實放到現實中，就是個大笑話。

朋友公司曾透過一家中間商採購硬體設備，中間商設計出一份方案，採購方拿著方案樂滋滋地跑去找源頭廠家。

廠家的報價非但沒便宜，反而比中間商高出15%，理由是：第一，方案不是廠家設計，需額外讓工程師評估；第二，中間商如果沒有利潤空間，將影響品牌方發展。採購方只好與中間商簽了合同。

項目後啟動兩期之後，中間商大幅提高了原先的「友情合作價」，但其他願意合作的廠商寥寥無幾，最終，公司只得接受了對方提出的新價格。

如何讓合作夥伴越來越多，路越走越寬？答案是：讓人「有利可圖」。讓人知道和你一起做事能賺到錢，你就贏了一大半。我不吃虧，你也有所得，雙方都在一個舒服的位置，彼此的關係才可能長久。

↑ ↑ ↑ ↑

很多時候，交易變得越發艱難，不斷堵死去路的不僅僅是「彼之所得必為我之所失」的狹隘想法，更是因為你眼裡只

有價格得失，忽視了最重要的目標，久而久之走進一條死胡同裡。

以前公司曾打算訂製一套財務系統，找了不少廠家、問了不少報價，好不容易找到一家各方面都讓人挺滿意的供應商——價格合適，經驗豐富，功能不需要訂製開發就能短時間內配置出來，還附送一些其他辦公小外掛程式，讓人感到多快好省。然而，溝通時出現一種聲音：他們做這套系統用不了太多工作量，價格頂多原先的1/3。

但是，當時的目標不就是以預算內價格做一套好用的財務軟體，盡快上線嗎？有個近乎現成的產品擺在眼前時，卻因此後悔了，儘管它比心理價位還低。洛克菲勒寫給兒子的信中，幾句話讓我印象深刻：「要完成一筆好交易，最好的辦法是強調其價值。而很多人會犯強調價格而非價值的錯誤，常說：這的確很便宜，再也找不到這麼低的價格了。」

不錯，沒有誰願意出高價，但在最低價之外，人們更希望得到最高的價值。只想撿便宜的人，會看到品質好壞、深層合作等水面下的寶藏嗎？不會。用別人想要的東西，換取你想要的東西，這是交易的本質，更是你不斷變好的必經之路。有些人本能地拒絕為非實物產品買單，比如服務、資訊等，從某種意義上說，願意花錢買它們恰恰體現了一種更從容的生活狀

態。

　　每個環節的人都能有所獲利，才能讓鏈子像上了潤滑油一樣流暢運轉。更何況，你是什麼樣的人，你周圍就容易聚集什麼樣的人。

　　多幾個人合作，註定比一個人雙臂環抱，更能擁有更大的圈。

怎樣「投資自己」最值得？

「所有的排泄都有快感。」當腦海中閃現佛洛伊德的這句話時，我並沒在蹲馬桶，而是一邊在咖啡館等朋友，一邊聽到右手邊傳來掩蓋不住的激動聲音。不到10分鐘，海量資訊流循環衝擊著我豎起的耳朵。

「哎呀我說你，上次約會就見你穿這件，都沒買新衣服嗎？」

「我4千元轉賣了上月買的那台1萬多元的按摩儀，怎麼樣，我賢慧吧？」

「最近好累，我都3個月沒去上健身課了，早知道不辦年卡了。」

「上次代購的護膚品都快過期了還來不及用，你需要嗎？」

「你不是說信用卡額度都不夠用，要不要省點花啊？」

「也對……那我應該再辦一張信用卡。」

沒等我回過神來，這位想接著辦理信用卡的朋友振振有詞：「我又不像你準備買房，錢再怎麼花都是花在自己身上，這叫投資自己，這錢不能省！」

這簡直是「投資自己」被「黑」得最慘的一次啊！

↑

在不少人心中，投資自己＝用力花錢。至於花到哪兒去？使用率如何？有沒有浪費？全部拋在腦後，只為「剁手」當下的片刻歡愉。所以我建議，當你以後舉著「自我投資」大旗在消費路上狂奔時，不妨捫心自問預計回報率是多少（並非必須是數字）。

比如，你為了保持健康，花錢買健身器材、辦健身房卡、

請私人教練，過一段時間你站在鏡子前，是不是發現自己的精神與體態變得更美好了？

當你為顏值花錢，買護膚品、去美容院，買下五花八門的美容儀，即便不奢求和明星似的全天無死角美顏，至少得有個清爽整潔的外貌吧？

↑ ↑

對我而言，以下幾種情況我最樂意把錢花在自己身上。

1. 讓自己更值錢

這是能帶來超過10倍甚至100倍的投資品。

我在大學時是一名窮學生，為了以後多一點職業籌碼，我花了6千元報名一個網路工程師的課程，並通過認證；

花4百元上了一週PS課程，會用PS這一技能從學生時代伴隨我，至今依然是我最常用的技能之一；

覺得自己開發能力不足，當校內開設了一個嵌入式開發實訓營時，我咬牙付費1萬2千多元參加；

大學還沒畢業，我就拿到多家上市互聯網公司的offer。工作以後，線上課程更沒少買。

與職場相關，我曾買過產品經理課程（後來為我從偏技術部門轉型為產品部門提供有力幫助）、營運管道課、學習能力、PowerPoint、知識體系管理等。

　　與理財金融相關，從單堂課到幾百元的理財系列課，我每次聽課時做好筆記，並不定期翻出來看看，將書面知識內化為自身能力。

　　與寫作相關，我付費聽過不止10位寫作達人的課程，費用不等，只為輸出更好的文章。

　　你若問我有什麼收穫，我只能實話實說：工作發展得還算不錯，投資穩中有進，寫作變得更順手了。

　　讓這些投資變得有價值，其實方法倒很簡單，主要是分三步：

- 選擇有增值的領域（像職業、愛好）；
- 投入金錢和時間；
- 用學到的技能把這錢賺回來。

這是一個完美的良性循環。

2. 幫自己節約時間

去年我最後悔沒有早一點入手的東西：掃地機器人。顯而易見，把它放在地上，它就會俐落地清掃拖地，不僅幫我節約一大筆時間，還比我掃得乾淨。如果你不是經濟過於窘迫，用錢換時間是一種打開新世界之門的捷徑。

我同事在大熱天裡來回兩小時給對方公司送資料。第二次時被我硬攔住了：快遞沒多少錢就能搞定的事，何況月薪5位數的人，把時間耗費在交通時間上，得不償失。

家裡的抽油煙機每隔半年左右清洗一次，自從我幫家人洗過一次，請清潔人員上門成為首選。

在你明白「時間最值錢」以及「要用錢買時間」這兩件事之後，你的做事效率就會不自覺地提高。就像不少人在共享辦公室裡高效辦公一樣：你按小時付費工作，還好意思漫不經心嗎？

3. 新世界的門票

簡言之，試錯成本。

這幾年我有個越發強烈的感受，一個人如果只做自己熟悉或者能力範圍內的事，就無法產生有價值的新變化。

財經評論家「江南憤青」有一段話，讓我印象深刻：

投資這個事情說白了，每個人都是從自己的認知出發，你認為的對錯，得先證明自己一定是對的，才能否定別人，你自己都證明不了自己是對的，何以認為別人是錯的？

所以，買一些你看不懂的，本質都是對沖你看錯的風險。你認知對了，損失點錢，認知錯了，你就發財。無論怎樣都是好的。

時代高速且動態發展，看不懂很多事情很正常，但如果我們做旁觀者，那註定一輩子都看不懂；只有做參與者，才有機會解鎖新世界。

沿著舊地圖，找不到新大陸。這一切都建立在你願意試錯、願意買「門票」的前提下。

4. 讓你開心的錢

有一段時間我的幸福感挺低，上班工作，下班時間和週末用於寫作以及摘抄學習各類文章作為輸入，沒去任何地方，沒買任何東西。反觀我一位以「造作」著稱的朋友，養貓遛狗，偶爾聽音樂會、看小劇場，做好早餐便拍照到朋友圈等待被人按讚。

人啊，自己給自己找樂子是門技術活。

投資幸福感，讓你的心裡面有糖果，還能分別人一點甜，

甜蜜指數就這麼翻倍了！願大家投資自己的錢，能融化為更炫目的光、更炙熱的好奇、更強大的裝備，陪伴你繼續前行。

收入不高時，我們可以做的事情

　　前幾天朋友聚會，我和一位老同事聊到他新負責部門裡的情況，他頗有感觸地說了句：「自我學習這東西有時真是毒雞湯，越喝越上癮。」說話間，他打開朋友圈，「你看，他負責設備維護半年了，朋友圈裡每天線上課程打卡、隔三岔五曬加班、曬工作感悟、曬職場雞湯。」

　　我好奇起來，問他這有什麼問題嗎？他說：「能力不見任何長進就不說了，一交辦任務，說這個不會那個有難度。加班在公司追劇，第二天一問，原本要做完的事情說某個環節拿不準，卡在手裡快兩天了。上週還問我，什麼時候能加薪，能加

多少……他所謂的學習，除了發朋友圈之外幾乎沒太多作用。努力錯了方向，反而得不償失。」

幾乎所有討論低收入怎麼辦的文章，答案都指向同一個方向：「充電」增值。其實，這種看似「政治正確」的話，跳過了諸多潛在因素。

↑

上個月，一名讀者阿芯問：「上班六七年工資還不到2萬元，不知道要學些什麼才能提高收入。」像她說的，看著辦公室裡的主任，都能看到自己的人生線路圖——大概多少歲到什麼職位，薪資能有多少，這些都被安排得明明白白。

拿工作量來說吧，去年，阿芯一個人做了兩三個人的量，經常加班不說，有時連假日都在公司加班。去年職務內容變動，頓時閒得發慌。但在反差巨大的兩種狀態下，薪資卻沒有任何變動。沒辦法，因為她得熬資歷才能晉升。你跟她說「趕緊學習業務知識呀」，這對增加收入沒有任何幫助。

朋友 Ada 上月回老家，說他一位親戚閒聊時也表示為微薄的薪水犯愁。33歲的親戚在老家的一間車行打工，月薪也不到2萬元，偶爾去別的地方打零工賺些外快。這樣著實辛苦，

花的時間也不少。下班後累得恨不得倒頭就睡，讀書學習對他而言，簡直是天方夜譚。而不少跟他技藝相仿的老鄉，在城裡做裝修，雇主還得提前預約，每月薪水3至4萬元已算常見。

　　一亮出行業或周圍從業者的參考薪水，你立馬能判斷出自己的真實情況。該改行改行、該兼職兼職，不要閉著眼睛，抱著手裡這碗飯死嗑。你首先得選出一條有空間的路，付出的汗水才更有意義。

↑ ↑

　　有人會說：「收入不高，做些兼職不就得了？」倘若說兼職都是出賣勞動力換錢，我覺得過於絕對，但我一直以來，確實不建議年輕的朋友從事勞動力型的兼職，尤其是與本職無關的工作。恰恰因為你年輕，單純付出勞動力是一門得不償失的買賣。

　　領英的《職場人轉捩點報告》裡有項資料顯示：人生可能遇到的轉捩點從23歲開始，在27~30歲達到小高峰，在31~35歲達到大高峰。35歲後遇到轉捩點的機率大幅度下跌，直至趨近於零。「什麼時候開始都不晚」「人生任何時候都存在可能性」是不假，可發生機率肯定有高有低。

換句話說，如果在這個階段你能透過充電學習，打磨自己的職場競爭力，更有可能讓未來的正職收入比勞動力性兼職帶來的零碎小錢要高得多。

↑ ↑ ↑

　　誰都知道收入低時，就得踩緊油門使勁賺錢。只是太多人盲目地把時間花在性價比低的課程上，以及埋頭做重複性事務上，這只能帶來片刻的自我安慰。想要收入盡可能快速提升，也不是件難事。

　　比如，優先學習賺錢的技能。技能之間註定有天壤之別，琴棋書畫、思維修練、溝通演講……沒錯，這些都是提升能力的區域，可對快速積累財富而言，收效甚微，況且提升速度緩慢。你一定要有所取捨，優先學習最貼合工作或最容易變現的技能。

　　就像有的公司寫明高級職位需達到各種要求；通過××認證對職位晉升有幫助；行銷、寫作等變現技能，都值得盡快拿下。拆解工作範圍，選擇一項重點打磨。無論哪個職位，面面俱到肯定不切實際，不妨把職能拆解，拎出某個點作為自己最拿得出手的亮點。

我認識一位做系統支撐工程師的朋友，他有個特別厲害的地方：做標單和方案其速度驚人，而且出錯率極低，幾乎不需要過多修改。做的標單次數多了，負責的項目也逐漸多起來，沒多久他就成為部門核心員工。哪怕只有一項技能90分，自己就能快速脫穎而出。**當你收入暫處低谷時，往上爬一點反而不是件難事，關鍵是「心慢手快」。**

心慢是指心裡別急著馬上去賺錢，一般能用這種方式換到的錢，都是小錢。你首先得分析當前處境，是行業天花板低，還是職位發展有限？抑或是自身能力出問題？磨刀不誤砍柴工，你只有發現問題，才能解決問題。

手快是指手腳俐落地針對性改變。該換賽道的換賽道，該投時間的投時間，該花錢學習的趕緊去學。當你以這種姿態開始時，你便有更多機會賺到人生的第一桶金。

第 **3** 章

人生每個轉捩點，
都蘊藏著機遇

放棄所學專業去跨界，值得嗎？

↑

前段時間，我看了一個視頻，主題是一位博主在討論什麼是「正經工作」。

他畢業於世界排名 Top30 的名校，是一位金融和會計雙碩士，自從拍視頻以來不斷收到帶有質疑的留言。

「你真是糟蹋了那麼好的學位。」

「父母給你錢讀書，你就這樣浪費？」

「你應該去華爾街做金融。」

　　博主有些無奈地說：「我讀了7年金融，也去過華爾街實習，為什麼我還來拍視頻？換個角度想，這裡面肯定有我的想法啊。」

　　這背後其實是個常見的問題：放棄所學專業去跨界，真的能混得好嗎？非科班出身的人，拿什麼和科班出身的人競爭？剛畢業時我確實也有這疑問。

　　當時我接手了一項工作，所在的團隊裡有10多個人，連同我在內，只有3人勉強是工作與所學專業相關，但無論從業績、能力，還是後面的職業軌跡來看，不少人表現得可圈可點。誠然，花了好幾年拿下一門學位固然有一定優勢，但這「優勢」，有時卻變成一袋20公斤的沙袋，偷偷地拖住你前行的步伐。

↑ ↑

　　很多人選工作時，順理成章地以學校裡的專業作為輻射點。但你是否想過自己真的擅長？是否真的喜歡？或許僅僅為了不浪費自己所學知識，沒曾想可能造成更大的「浪費」。

以前我有個同事，作為程式設計師的他骨子裡並不喜歡寫代碼，績效長年墊底不說，戾氣也重得讓人有點招架不住。

　　有一次，他寫的模組出現嚴重的漏洞，組內的同事已被他連累多次，忍不住說了句：「你這樣還不如不做。」「你以為我想幹啊？！」他突然猛拍桌子，把同事們嚇了一跳。為什麼會這樣呢？實際上，偏好文藝的他熱愛繪圖插畫，不時可以看到他的座位上散落著隨手畫的手稿。偶然間得知，當初他原想報考美術學院，家人以「日後不好找工作」為由，要求他填報了資訊系。久而久之，上班在他眼裡，變成一件非常痛苦的事情。

　　上司和HR曾特意與其面談，卻得到他滿不在乎的回覆：「無所謂，大不了我少拿些薪水吧。」

　　對於他來說，最大的悲哀莫過於：只因為學生時期選擇了某個方向，哪怕不感興趣甚至不擅長，也硬著頭皮繼續走下去。可人這一輩子，明明有很多選擇的機會，選錯了，換一條路也許就柳暗花明。只是不少人選錯了，抱著「算了吧」的態度，不僅把「專業」搞得很不專業，還白白荒廢了大把時光。

　　乏味無聊的日子一天天過去，蓋在機會上的塵埃一天天堆積，直到一切的可能性都被打上永久封印。

↑ ↑ ↑

　　我在公眾號後台不時收到讀者的詢問：「我想轉行去做××，好擔心混不下去啊。」還有聲音嘀咕：「放棄多年所學去一個完全不熟悉的領域，總有幾分不甘心怎麼辦？」其實，轉型也好，跨界也罷，多數人做得有聲有色，能力與收入甚至高於同行平均水準。

　　我畢業後遇到的第一位上司R，食品科學碩士畢業。在一次聚餐時，R的上級特別感慨：「R除了拿國家獎學金、創業比賽一等獎，當時已有5年PHP開發經驗，」上級接著說：「我還以為他就是寫著玩的水準，筆試一看，確實寫得讓人沒話說，面試時再看他的表現，當場決定錄用。」不少同事在那時還嘀咕：讀食科的碩士跑來搞IT，本碩7年不是白讀了麼？

　　R進公司不到半年，就晉升為小組經理，這一速度至今無人超越。相比同齡人，他格外清晰自己的職業規劃。看似重新走了一條路，但他其實很明白：自己想做什麼、會做什麼，將來希望成為什麼樣的人。

　　捨棄一部分，可以換取想要的另一部分。何況，很多知識或許早已潛移默化地升級為「可遷移能力」。

　　在知乎上看到過一個提問：「我讀過很多書，但後來大部分都忘記了，那讀書的意義是什麼？」

有一個令人拍案叫絕的回答：

當我還是孩子時，我吃過很多食物，現在已經記不起吃過什麼了。但可以肯定的是，它們中的一部分已經長成了我的骨頭和肉。

R完全放棄了本科7年所學嗎？並沒有。用他的話說，食品科學中的演算法與資料分析，實際上與電腦演算法有相通之處；再看開篇提到的那位視頻博主，海外名校的求學經歷，讓他在大量中西方文化碰撞的話題中遊刃有餘，擁有自己獨特的視角。將所見所聞、所學所知，逐漸鑄造出一把新鑰匙，足以開啟另外一扇大門。

↑ ↑ ↑ ↑

賽道本就是多維的，大家不只在同一條路上競爭。

比如，做電腦出身的蘋果公司，依靠31年的PC技術積累，轉身做出的iPhone（蘋果手機），不到4年擊垮了連續14年市場第一的手機霸主Nokia。2017年，Apple Watch收割了50%以上的智慧型手錶市場，超過了擁有百年歷史的勞力士，成為全球第一「手錶廠」。

之前大潤發被阿里巴巴收購時引起一片譁然，大潤發CEO黃明端發微博感嘆，贏了所有對手卻輸給了時代。如此感嘆，並非黃明端一人。

行動支付剛出來時，一位銀行官員說：「他們根本沒有線下網點，你去哪裡取錢呢？這不是瞎扯嗎？」結果，人家壓根不用線下網點，一個App搞定一切。

一個個「降維打擊」或「野生跨界」的真實案例，越來越多地發生在我們身邊，包括許多耳熟能詳的公眾人物。

金庸沒學過寫作，卻是華語文壇無比閃亮的一顆星；愛因斯坦提出光量子論的那年，順手拿了個哲學博士學位；傳奇巨星張國榮，從小愛好時裝設計，考入英國里茲大學紡織管理系。

跨界的人潮中，我非常佩服的人是張泉靈，她的最新身分是知識付費平台得到旗下「少年得到」董事長。

「時代拋棄你時，連一聲再見都不會說。」這句話曾被張泉靈作為演講的主題，被瘋狂刷屏。

張泉靈在2000年擔任新版《東方時空》、《人物週刊》等節目主持人。任職期間，還擔任了神舟九號的特別報導等，並獲得第十一屆長江韜奮獎、中國播音主持「金話筒獎」等。2015年她離職時，已在央視任職18年。一路可謂順風順水。

42歲這年，她放棄了無數人眼中的事業巔峰。張泉靈在微博中寫的一句話讓我印象深刻：

42歲雖然沒有了25歲的優勢，可是再不開始就43了。其實，只要好奇心和勇氣還在那裡，什麼時候開始都來得及。

原來我們說的最多一句話就是「Yes, but」（是的，但是……），而我今天會這麼看問題：「Yes, and」（是的，並且……）。

循著舊地圖，找不到新大陸。

↑ ↑ ↑ ↑ ↑

這個時代的人，註定不會被單一標籤定義一生。

你會看到，越來越多優秀的人拿著 ABCD 多種板塊搭建起屬於自己的王國，不斷探尋自身的價值位置。

我從不相信，一個專業、一份工作、一個身分能裹挾住一個人漫長的一生。不同思維模式的碰撞或融合，反而相得益彰，不知不覺地，淬鍊出 2.0 版的你。

迷茫怎麼辦？這是自我增值好時機啊！

↑

　　在一檔節目中，我看到一位醫學專業畢業生說的話：「我希望能用我的醫學知識，在老家建一所人人都上得起的醫院。」他的語氣不疾不徐，緩慢有力，對此，我挺有感觸。先不去定論這想法是不是過於理想化，但引起我內心波瀾的地方是什麼呢？既不是帶有宏偉社會色彩的願望，也不是計畫創業的激情，而是那種堅定的語氣，讓我很羨慕。

我特別羨慕在20來歲就找到人生目標，然後卯足勁向目標前行的人。對比之下，我就相形見絀得只能捂臉了。迷茫隔三岔五就大駕光臨，讓我不斷地懷疑自己，再閃出新的念頭，然後又被自己否定……兜兜轉轉，浪費了不少時間。

知乎上有個問題：年輕時候最應該注意的事情是什麼？按讚最高的答案是：由於害怕而什麼都沒有做。

我們會習慣性懼怕「萬一做錯了怎麼辦」，接著在無止境的假設中原地轉圈，某天猛一抬頭發現一步都沒踏出去。

誰都不想時間和精力付諸流水，誰都不願面對岔路上形形色色的「此路不通」醒目路標，可事實上，你要走的路99%不是規劃出來的，而是上路後隨著柳暗花明、潮起潮落逐漸浮現出來的。

你得先上路，才能找到方向。訪談節目《康熙來了》的助理主持陳漢典，有一次在節目中提起製作人要求他做的卻讓他非常無所適從的事。

談話性節目時常會出現讓場面凝固的尷尬冷場，於是製作人會直接打手勢，讓陳漢典從旁邊到場中央救場。一開始他完全不知所措，只能硬著頭皮跑上前站著，甚至弄得兩個主持人都傻眼了。慢慢地，他學會插科打諢化解氣氛，再後來面對場外完全隨機、匪夷所思的指令也能應對自如。

後來他問製作人當時是怎麼想的，製作人理所當然地一攤手：「你只有先出來才能知道做什麼啊！你站在一邊能做什麼呢？！」這句話切換到其他場景，依然應驗。比如寫作。

　　初開始寫作的朋友們，總會擔心一個問題：寫不出來怎麼辦啊？我淺薄的經驗是：硬寫唄。下不去手的匱竭感在所難免，坐在電腦前隨便寫幾句零散的話，哪怕是吐槽或一時想法，寫著寫著就帶來小火花。

　　事實上，多數人揮之不去的迷茫感源於不知道哪種選擇適合自己，總是在無盡的考慮及糾結的泥潭中越陷越深。「世界上本沒有路，走的人多了，也便成了路。」希望的有無、事情的成敗，只有去實踐了才會知道，一開始的自我設限不過是本能的逃避主義罷了，路終究是一步步走出來的，而不是考慮出來的。

↑ ↑

　　迷茫時期的關鍵字是「積累」二字。在迷茫時不忘積累，就算暫時看不清方向，但站得越高勢必會看到更廣闊的風景，擁有更多的選擇。

1. 多積累技能

本職工作無疑是絕佳的突破口。你今天學的東西，可能明天就能從手邊的事開始實踐，立竿見影。從工具使用、專項能力、認知提升到思考維度，深挖其中任何一個部分都能讓自己的知識結構變得豐富立體。

現在時常被提及的「投資自己」「積累能力」，本質上就是讓一技之長擁有足夠強大的變現能力。有些朋友可能會抱怨：「我每天都在打雜，根本不知道什麼可學。」那麼，有兩個學習方向：一是最通用的能力，比如Excel、POWERPOINT、寫作等，這些屬於辦公標配技能，到哪兒都能用上；二是自己感興趣、想發展的方向。

我工作後的3年裡雖在技術部門，但工作性質約等於打雜，其中各種迷茫就不多說了。我在第二年想往產品方向發展，於是到各大招聘網站，把產品經理應聘必備的硬技能全部羅列出來，接著買書、看教程，一條條學習技能點。在工作中接觸不到適合的產品練手，就按照平時用得最多的App或平台畫原型、做流程。

坦白說，這真是很笨、很老套的學習方式，卻也為我轉職跳槽、順利拿到offer帶來不可或缺的幫助。能力積累必須靠點滴學習從而聚沙成塔，學習這事，一旦抓住一點耕耘就會有

很多衍伸。前提是，你得去挖掘。

2. 多積攢些錢

擁有奇特經歷的麥克爾‧羅奇格西獲得佛學博士學位，創立了鑽石公司，自稱把佛學領悟到的空性運用到商業經營上，他有句話說：「賺錢是一種最深刻的修行。」

多積累錢也好，學理財也罷，其實都是人生規劃的一部分，而且還是很重要的一部分。你有沒有發現，但凡能把現金流掌握得井井有條的人，基本上不會過得太差。對於我們而言，了解與錢有關的邏輯，就不至於在遇到「黑天鵝」事件時不知所措。

3. 多運動，積累身體的本錢

身體是革命的本錢。現在人人都活在隱遁的焦慮中。焦慮看不清方向，焦慮中年危機，焦慮如何優雅地養老……但是規劃自己的養老金，大前提也是活得足夠久。

從各國總統政要、世界企業500強CXO（電商企業首席驚喜官，X代表了未知，也就是驚喜的意思。工作職責就是給員工、買家提供驚喜，傳遞正能量）到創業精英，無論他們多麼忙碌，幾乎每個人都有固定的運動時間，更別說當你擁有大把時間時，還找各種理由不去為自己的身體添加籌碼。

一切的決策判斷，背後都必須依託清晰的頭腦和充沛的精

力，而不是指望高閃紅燈的健康狀態。

4. 請不要等

「等我畢業後……」「等我工作後……」「等我結婚後……」「等我買房子後……」總仰頭期待某個萬事俱備的時刻，再心滿意足地按下開關，等待背後倏然長出一雙翅膀飛向五彩斑斕的夢想。可人生不是做菜，不能等所有東西都準備齊了再下鍋。我們總認為自己是深思熟慮，做事謹慎，可王小波不是說過麼，深思熟慮的結果往往就是說不清楚。

連說都說不清楚，就更不可能去做了。99%等待的結局不過是帶有憧憬色彩的小氣泡。如果你想嘗試握著人生的方向盤，就請不要習慣性說「等」這個字。若總認為現在不是最好的時機，等下個拐彎路口，你依然會傾向繼續等待更成熟的時機。潛移默化中，你的內心已壘砌起一種寄希望於外界或索性逃避選擇的傾向。人麼，內心一旦有了傾向，就會用各種理由說服自己。

↑ ↑ ↑

褚威格《人類群星閃耀時》一書中說道：

只有一件事會使人疲勞——搖擺不定和優柔寡斷，而每做一件事，都會使人身心解放，即使把事情辦壞了，也比什麼都不做強。

或許我們會走上彎路，仍然會浪費時間，仍然會心有悔意，但這些走過的路終將造就許多年後的另一個你。**最浪費時間的事，就是思而不學和猶豫不決。**所以，不要在迷茫時想得太多以致做得太少，白做都勝於不做，你又怕什麼呢？即便用破銅廢鐵積累起一個小土坡，也會比別人看到更多的風景。只要去做，必有收穫。

賺多少錢，由你的認知層次決定

我在一篇聊體制內的文章評論區，看到幾條留言：

「我利用業餘時間做電商，現在已經被開除了。」

「當老師能發展第二職業，你在開玩笑的吧？反正國家政策是不允許的，除非大學老師。」

「他們積極努力，踏實肯幹，毫無怨言，默默奉獻，職級待遇與他們根本沾不上邊。」

我就職過上市公司，也在國營企業工作過，我越來越理

解，一個人的能力與收入經常不成正比。

更確切地說：一開始，你的能力或許給你帶來不錯的收入；到後來，它們的關聯性日趨變小。賺多少錢，其實由你的認知層次決定。

↑

我初中同學小凌的成績很好，我印象中他考得最差的一次分數也沒跌出班級排名前三。輕鬆考上本地一中的他，之後順理成章地進入一所明星大學。畢業後，小凌就職於一家上市公司，獎金與項目掛鉤，他每月到手的實際薪資比我們所有人都高出大半個頭。比較辛苦的地方在於，那份工作得長期駐外。在外摸爬滾打兩年，小凌在家人的建議下考入了老家的機關單位。

另一位同學宇鑫，成績中上。畢業後從十幾個人的汽車配件批發，一路輾轉進入汽車金融。前幾年汽車金融算是個快速發展的行業，宇鑫人也勤快，加班熬夜扛KPI，穩紮穩打地做到區域總監。

兩人都非常上進，可小凌的收入，還不及宇鑫的零頭。坦白講，這兩位同學都很優秀，也都是我多年好友。一定要說誰

更有才華，要算有著「學霸」體質的小凌。他從小到大都是「別人家的孩子」，聰明懂事，一點就通，無論學習和工作，都格外努力用心。

當然，做決定這種事從來都是有得有失，冷暖自知。只是細想起來，我應該是從那時開始，很難再片面地認同「生活不會辜負你的努力」之類的雞湯話。

↑ ↑

開篇提到的留言中，有讀者問：為什麼許多員工積極努力、默默奉獻，被認為是在單位「等死」？

先說外部因素。第一點，收入並不完全跟市場經濟掛鉤。就連在銀行就職的朋友都說她薪水這兩年不僅沒變多，還縮水了不少。可她的能力退步了麼？她做的事情變少了麼？並沒有。

如今「鐵飯碗」已逐漸變成一個備受嘲諷的詞，從體制內辭職的人嘲諷尚在體制內的，拿績效獎金的人嘲諷拿工齡工資的，甚至加班的人都嘲諷「朝九晚五」的。可最大的問題，是「鐵飯碗」收入邏輯並不符合市場經濟邏輯。

你做的事在其他公司可能值2萬元，可在單位的論資排輩

下，沒準只能拿到5千元。外加缺乏內部競爭，更易滋生慵懶。這點確實客觀存在。

第二點，晉升意義不大。我認識一位在國營企業的女性朋友，不到30歲，深受上司重視。內部有個很不錯的專案機會，領導便一個勁兒地讓她去爭取。結果，她放棄了。她跟我說：「我不是吃不了苦，就是不太明白現在去爭取的意義啊。」公司女員工佔比只有20%，她快速上升到一定位置後，彷彿被按下暫停鍵。再往上，幾乎都是40歲以上的男性，忙到頭髮大把地掉，連小孩發燒都沒空回去，老婆甚至打電話來說要離婚。「拿下這個項目加班是少不了的，升職希望不大，工資也加不了多少，你說我何必？」

即便是男性，內部晉升途徑也並非敞開大門。上面主管沒調動、沒跳槽，職位就空不出來，只好慢慢熬。

↑ ↑ ↑

說完外因，繼續看內因。經常有質問的聲音：我從事的行業特殊，第二職業根本不可能、不符合規定或限制諸多等等。

一位教書的朋友曾和我吐槽學校薪資太低，他教資訊科學，混了好幾年薪水才3萬多元，但他做IT的同學畢業不到兩

年薪資就過4萬。

我問：那你打算怎麼辦？

他說：我教的科目又不是主流學科，學校也不准兼職，還能怎麼辦？

我又問：有沒有打算跳槽？

他毫不猶豫地說：怎麼可能？！

人在慣性中待久了，很難接受軌跡以外的想法，並且想方設法用各種理由說服自己。前文提到的同學小凌，實際上是我們幾個朋友中最忙碌的人，他晚上經常在公司值班，週末經常去公司開會，收入卻是最低的。

我們問過他：「要不想想辦法開發些新的收入來源？你家那套老房子稍微裝修下就可以出租了。」他的答案是——「沒時間折騰！」獵豹移動董事長傅盛說：「人與人最大的差別是認知，認知程度與聰明與否無關。」

人是習慣於自我迷惑的，其實真正的阻力，首先是自己意識不到，其次就算意識到了，也沒採取有效行動。久而久之，遲緩的思維與行動，已變為一堵不可逾越的牆。

↑ ↑ ↑ ↑

　　作家馮唐在一檔訪談節目中說，真正的中年危機，來自於「確定感」：你已經知道哪些事你能幹，哪些事你一輩子都幹不了，這種時候，你還有什麼興奮點？你發現薪水被固定，你發現職位被固定，你發現前途被固定……固定的多了，就被釘死了。

　　於是你開始接受了死薪水與死工作，等你最終反應過來，這輩子好像也就這樣了。幾年前娛樂文化名人高曉松說「你不慌張了，青春就沒了」，這「不慌張」與「確定感」真是相得益彰。

　　年輕時，最慌張的是不確定性太多；等老了，最沮喪的卻是確定感太多。這和你在不在體制內、拿多少薪水，沒有半點兒關係。

　　你可能會問：「我的確捨不得放棄穩定的收入，可內心也的確很焦慮，怎麼辦？」那你不妨先降低自己的預期。太多人焦慮的不是自己沒有什麼，而是焦慮別人擁有什麼。一邊抗拒風險，一邊又預期過高，會讓人逐漸在二者的落差中越陷越深。

　　值錢的從來不是薪水，而是你的認知、洞察與行動。從源頭改變，方可釜底抽薪。

父母安排了自己不喜歡的工作，該不該拒絕？

先問個問題：你父母知道你的工作具體是做什麼的嗎？

這些年聊起父母，身邊不少朋友都有兩個感慨：一是不管我們多大，在父母眼中都是孩子；二是父母其實並不太清楚我們上班在做什麼，可有時又會提出不著邊際的意見。

有時候你以為是彼此觀念不合，可那真的只是「你以為」。比如我最近聽同事說的一件事。

↑

同事的表弟，學歷普通，之前在一家小互聯網公司上班，月薪2萬元，據說和老闆有些矛盾，一氣之下就離職了。辭職後幾個月，一直找不到滿意的工作。

父母原本就看不上他的工作，於是一頓張羅後，幫他介紹了一份在當地事業單位的職位。

「雖然暫時不在編制內，但做滿3年機會還是很大的」，父母喜形於色，表弟卻笑不起來，轉身找表哥吐苦水。「那個差事月薪1萬6千元，比我原來的薪水還低！」「我以前做的是策劃，進去居然是行政部門。」「不知道父母怎麼想的，安排這種工作給我。」

同事感慨，表弟的爸媽其實動用不少關係才拿到這個他們眼中體面又穩定的「鐵飯碗」，表弟卻不滿意，一直抱怨。

確實，長輩們的觀點和想法，與我們這一代有不少矛盾，他們喜歡說：我們都是為你著想，你聽我們的準沒錯。他們用自己眼中的經驗，告訴我們一條穩妥而保守的路線。

但錯不在他們，他們始終是建議者，而我們才是決策者。你可能說：「父母非得讓我按照他們的意願做，我能有什麼辦法？」

事實上，重點並不在「如何拒絕父母介紹的工作」，而是「你拿什麼拒絕父母介紹的工作」。

↑ ↑

　　我先說第一點，家庭關係也是人際關係的一種。既然是人際關係那就得尊重人際關係的規則：誰提供資源，誰就有主動權。

　　有一期《奇葩大會》來了位身家200億的富二代。他富到什麼程度呢？中國有一半的航空母艦是他們家的。

　　可他很鬱悶，說一直以來他都生活在父親的陰影下。

　　父親很強勢，不管是出國留學，還是回自家的公司工作，都是父親一手安排好的。他身為獨子，唯一能做的只能是「盡孝道」，太不自由了！

　　高曉松的點評，一針見血：「一個男人要有一以貫之的世界觀，不能要自由的時候，把西方那套拿出來，要錢的時候把東方那一套拿出來。」那位富二代如果想做出屬於自己的一番事業，必然意味著會失去一些東西。

　　要麼接受家裡安排，犧牲自由；要麼跳出這個框，犧牲家庭能給予的人脈和資源。既然你默許接受了富二代享受的資源，父親就理所應當地擁有對你的控制權。

　　我再說說另外一位來自寧波的普通男孩。15歲時，他就

組裝了一台六管收音機，而且，他特別熱愛電腦。在他高考志願想填報電腦專業時，卻被強勢的父母反對——坐在電腦前就像照 X 光，輻射對身體有影響。

「你什麼專業都可以選，就是不許選電腦。」男孩礙於父母壓力，選了其他專業。到了大學之後，他在本專業學習成績很好的情況下，還經常蹺課去聽電腦系的課程，對電腦的興趣越發濃烈。可大學畢業後，父母再度施壓，他又順從了父母意見，成為一名國家公務員。熬了兩年，下定決心離職去廣州闖蕩。從零開始，找到一份與電腦相關的工作。

沒多久，在不到三坪大的小屋子裡，他創建了一家小公司。2003 年，這個年輕人登頂中國內地百富榜的榜首，他就是丁磊。所以你發現了麼，你首先要有能力獨立，才有資格談自由。正如資深媒體人羅振宇說的這句話：「成年人世界第一套準則：選擇，承擔其代價。」

↑ ↑ ↑

說到底，拒絕，是對決定權的爭奪。

它包含 3 個層次：第一層，單純地表達意願。就像前面說的同事表弟，辭職在家，衣食住行都由父母提供。雖然他嫌棄

父母介紹的工作，可自己並沒有主動尋求工作。

這種情況，用馮唐的話說就是：「上帝為你關上一扇門的同時，還會拿門夾你的腦袋……」

第二層，有理有據地拒絕。例如，我為什麼不喜歡這樣的安排？我擅長的是什麼？我的興趣在哪裡？我的想法和計畫是什麼？當你在說「No」的時候，就要想清楚什麼樣的選擇才是「Yes」。

第三層，不僅有理有據，還有更好的選擇。

我前同事阿賀，做Linux開發。他大學專業是中文，畢業後也從事文宣相關的工作，做得死氣沉沉。阿賀的興趣其實是寫程式，他經常混跡於國內外開源網站，於是在論壇上認識了一位程式設計師，兩人實力相當，惺惺相惜。

然後，阿賀就被這位程式設計師挖到了所在的上市互聯網公司，成了一名真正的Linux開發，薪資是原先的3倍不止。

如果阿賀沒有拿到這個offer，他很可能是不敢辭職的。他剛買房，還有小孩，就算原先工作做得再怎麼不滿意，又怎敢對現實輕易低頭？

《秒速5公分》裡有句台詞：要拒絕空氣，首先要擁有空氣；要拒絕世界，首先就要擁有世界。放棄的底氣從何而來？當然是擁有更好的選擇。

↑ ↑ ↑ ↑

最後我想說：**你想獨立和自由，這很好，但必須有獨行夜路的勇氣和能耐，而不是拿著他人的資源去走自己的路。資源一抽走，你以為的「自由」便難以為繼。**

沒有父母會不希望孩子變好，只是擔心你會過得不好。當你證明自己有能力立足，讓日子開花結果時，大多數父母是願意放下阻攔你的手的。

想到和得到之間，還有兩個字：做到。當你暫時無法做到讓自己活得更好時，擁有自由也無濟於事。被動的人依然被動，不滿的人依然不滿，狹隘的人依然狹隘，生活的內核從未發生改變。

畢竟，決定你過什麼樣生活的，從來都不是你某一次的選擇，而是你一直以來的狀態。

如何正確應對職業危機

我發現，大家對「被裁」這件事有不少誤解。前陣子有篇熱文，聊到一位36歲的男人失業後，為了不讓家人知道，他在星巴克坐了3個月。每天假裝上班，忙著寫履歷、面試、再改履歷。

在轉載的這篇文章下方，最高讚數的兩則留言，我看了心裡有些不是滋味。

第一條：「腳踏實地地做實業，搞技術就不會這樣了，失業的多是在虛幻產業工作的，高不成低不就，仔細想想除了PowerPoint啥也不會。」

第二則：「自己的不可替代性還不夠。真正有實力的人不怕被裁員。」

這兩條留言挺能代表主流觀點。前者屬於「務實主義」，後者屬於「政治正確」。可怎麼說呢，很多事情並不能這麼二分法。

被裁的人，不一定是在泡沫產業，不一定就是隨隨便便可替代。任何人都可能面臨危機。

↑

我前同事小瓶，在一家大型互聯網公司擔任配置管理工程師（SCM），這職位在眾多IT職位中偏小眾。

她原先是程式設計師，在轉行的過程中機緣巧合地拿到這個offer。通常而言，每個職位都有幾個「剛需」要求，比如熟悉若干工具等。但小瓶的工作有些特別。

既不要求掌握很多使用工具，也不用做其他SCM的日常工作，她主要做3件事：

● 培訓新人使用公司內部開發的支撐系統；

● 搜集大家的使用回饋，整理後發給開發團隊的產品經

理；

● 給用戶開設帳號和權限。

　　小瓶職位雖然是「SCM主管」，但實際上更像培訓員、需求採集員以及基礎許可權配置人員的混合體。4年後，小瓶因為身體原因辭職休養了近一年。打算重回職場時，她發現了前所未有的困境。首先，她屬於典型的訂製型人才。同樣是配置工程師，她之前做的內容，與市場上的崗位要求是兩回事。其次，轉行也進退兩難。

　　重新做程式設計師？小瓶已經4年沒寫代碼了，競爭力大不如前。

　　轉行做產品經理？雖說「人人都是產品經理」，但要知道，人人能做的事情，都逃不過「初級」兩個字，離她的預期薪資實在太遠。

　　「原本還以為自己收入還可以，怎麼突然感覺失業了？切換得毫無防備啊。」小瓶苦笑道。

↑ ↑

　　提到「中年失業」，有兩個字往往緊隨其後：轉行。經常

聽到有人問：「××歲轉行可行嗎？」其實重點放錯了，年齡和轉行成功與否，沒有直接關聯。

馬雲、雷軍、丁磊、周航等互聯網大咖，從不同程度上說，他們都在中年實現了不同程度的切換跑道。更別說村上春樹，30歲時他還是爵士酒吧的老闆，直到一天在神宮球場旁，莫名其妙地立志要「寫出點像樣的東西」。其實，轉行的重點在於：做匹配資源的事情。

1. 匹配「行業年齡」

不少行業都是有年齡潛規則的。這並非歧視，而是客觀現實。比如說，35歲，對「碼農[1]」來說是100%純天然的「老人」，但對建築師或醫生來講，那簡直就是「豆蔻年華」？

雖然很多文章告訴你，從任何時候開始都不晚，但我們有時也沒必要硬碰硬，對吧？

2. 匹配個人優勢

個人優勢包括你的經驗、知識、能力、人脈等等。前陣子有位從事物流行業的讀者問我，他29歲，認識一個朋友是年薪240萬的演算法工程師，問自己現在轉行寫演算法有沒有可

1 　一般指從事沒有發展前景的軟體開發職位，這種職位只能強化職業者在單方面的技術領域技能，學不到新技術，同時也是部分從事軟體開發工作人員的一個自嘲的稱號。

能年薪120萬元。

我心想：每個行業都有高薪的人，能不能拿到高薪，靠的不是行業，而是本事吧？許多人過分看重「行業」，而忽視了「自己」。

你首先要了解個人的特點和優勢，再花時間去了解你要從事的行業，而不是到處發貼文問「行不行」。找網路資料、線上課程，去「在行」知識平台或找專家付費諮詢，花一些錢，聽聽專業人士是怎麼說的，抵得上自己「瞎折騰」1個月。

轉行，說白了就是一次渡河。猛地扎進河裡，凶多吉少。你只有知道目標在哪兒、用什麼方式可以過去、需要付出哪些代價、手裡有沒有足夠的籌碼，再一步步地實施渡河計畫，方可順利到達彼岸。

↑ ↑ ↑

個人認為，與其以「轉行」來應對危機，不如靠「轉型」。因為任何時候，「從零開始」都是一個艱難決定。憑我個人的經驗，在改變中獲得成功的人都有個共同性，那就是：懂得借力。借用自己已有的實力。

阿里集團人才戰略總監楊姝在碩士畢業之後，她在出版社

做的是IT圖文的文字編輯。第一次跳槽，她選擇的是一家IT行業的獵頭公司；後來，她到甲骨文公司從內部招聘一路成長為甲骨文北亞區的招聘總監；再後來，她負責阿里集團的招聘營運中心。

這幾份都是與人打交道的工作，每一次轉型，楊姝都遵循「就近原則」。試想一下，你今天敲代碼，明天說要開餐館，當然也不是不行，只是——

- 你熟悉餐飲行業嗎？
- 你開餐飲有什麼優勢嗎？
- 你有小範圍內驗證過嗎？

如果只是因為失業，想趕緊換一條路試試，這無異於飲鴆止渴。我認識一位資深網路架構師，他的年薪近120萬元，後來被公司列入「考核名單」（其實就是待裁員的人員名單）。灰心喪氣幾天後，他冷靜地主動提出辭職。他去做什麼呢？到培訓機構當講師。

他原本就有在公司內部培訓的經驗，還錄製過網課，手握兩家機構的培訓師認證，於是順利拿到對應的offer。同年，他被評為優秀講師。無論從收入還是發展空間，遠超從前。

聚餐時，他聊起當初要被裁員的情況，簡直是歡天喜地、眉飛色舞，連聲說「幸虧當時被裁了」，讓人哭笑不得。一次危機，就這麼轉變成一個將優勢重新排列組合的良機。

↑ ↑ ↑ ↑

平心而論，被裁員不見得是你個人的問題。包括Google、亞馬遜、阿里等國內外大公司，都經歷過金融危機或大面積裁員。

但如果長期找不到合適的工作，或許就是一盞正在示警的紅燈。

山本耀司說：「自己這個東西是看不見的，撞上一些別的什麼，反彈回來，才會了解自己。」這話特別在理。

這幾年我有個感觸，很多人是等到職業危機了，才考慮職業發展。等到裁員了、失業了、找不到工作了，才驚覺自己毫無招架之力，被一個浪潮拍倒在沙灘上。

平時多給自己準備「兩把刷子」，多逛逛招聘網站，哪怕多和上司以及HR朋友聊聊天，都比什麼都不做要強100倍。一來，如富蘭克林那句話：「有能力的時候，便應為將來未雨綢繆。晨光並不會整天照耀。」二來，最有價值的技能，是懂

得價值重塑。多留意周圍看起來與你的當下沒什麼關係的事物，說不定它們之中就潛藏著機會。

　　哪怕一時失業，也不用過於沮喪。晴耕雨讀，趁這個機會好好停下來，看清周圍的環境與眼前的路。學會與自己握手言和，學會將目光再度聚焦到優勢上。電影《愛麗絲夢遊仙境》裡，紅桃皇后有句台詞：在我們這個地方，你必須不停地奔跑，才能留在原地。路還很長，請重上征程。

什麼才是真正的「不可替代性」？

↑

　　最近，聽到周圍不少朋友感慨說：「人，一旦在一個地方待久了，就很難挪窩了。要麼是總有各種各樣的理由待在原地，要麼是想挪地的時候發現自己壓根動不了。」其中不乏我們眼中的「佼佼者」。

　　昨天和朋友吃飯，她說了件挺耐人尋味的事。公司有個中層管理者離職，沒人願意接手，連手下員工也不願意。

　　送上門的升遷和加薪機會，居然所有人都拒絕？這是為什

麼呢？我問：「是留的坑太大嗎？」他搖搖頭說：「那個中層領導分管的業務是邊緣業務，年終獎金常年全公司墊底，不少員工都在找機會調職。據說老闆準備解散產品線。」朋友還若有所思地說：「前幾年他做的還是重點孵化專案，優越感十足，整天說沒幾個人能替代自己。據說他這回離職也沒找到合適的職位，後來幾個創業的同學拉他過去了。」

現在人都愛講「不可替代性」。老實說，我一直覺得許多人對這幾個字有些誤解。

有一種不可替代，其實是互相牽制的。你以為沒了你一切就不完整，殊不知，你離開後自己也沒地方去。本質上，你就是一塊拼圖，一塊離開原地就價值歸零的拼圖。

↑ ↑

有一種現象，有些人在公司坐久了，爬到了一定的位置，可一件突如其來的事就能讓他立馬墜落。

爬得越高，摔得越慘。因為，他們擁有的只是高處的位置，而非爬高的能力。以前隔壁部門有個小主管，績效平平無奇，屬於你給他一件事、他就做一件事的類型。熬了幾年，他「混」到了經理級別。別的經理都忙著「開疆擴土」，爭取新

業務，唯獨他，不爭不搶，「佛性十足」。

有一次老闆有意讓他接觸一個新專案，他支支吾吾老半天。一會兒說自己不了解，申請抽調其他部門的人；一會兒又說將專案轉給某某部門更好。

後來，他與其他公司對接時，談到一些行業基礎知識竟磕磕巴巴，鬧出許多笑話。老闆知道後沒說什麼，讓他繼續回去做老本行。

明眼人已看出來，這位「骨灰級」經理只要離開原本的業務，什麼都不會。就像一隻死死抱著樹的無尾熊，樹長多高，就決定他的位置有多高。一旦樹倒了，他也垮了。

這些年在職場，我體會很深的一點是，不可替代性分為兩個層次：

層次1：你離開後，別人不好過，但你也難受。

層次2：你離開後，別人不好過，你不僅沒變差，甚至還能過得更好。

層次1如剛才說的「拼圖型」，實際上就是「殺敵一千，自損八百」。層次2叫「積木型」，一塊積木可以用來組建高樓，也能拼湊橋梁，隨時可抽離，到哪都是中流砥柱。這才是

一個人的核心競爭力。

↑ ↑ ↑

對於現在的人來說，薪水是判斷工作好壞的絕對衡量標準。在薪水低的職位，誰都想著趕緊跳槽；可薪水高了之後，多數人都有一種「謎之安全感」，認為自己已站在金字塔上半部，自帶稀缺性。不知不覺，它變成一個隱藏的職場陷阱，讓你喪失判斷力。

無論你從事什麼職業、待在什麼職位，誰都無法保證5年、10年後它們依然存在。行業沒了，就算你是行業頂尖高手，照樣一夜之間失去競爭力。更何況有些職位，帶有極強的公司訂製屬性。拿的錢再多，也不過是高配版「螺絲釘」。

我們知道，當年iPhone橫空出世，快速幹掉了曾排名No.1的Nokia，更讓人唏噓的是，Nokia大批被裁員工找不到工作。雇主嫌其技術單一，寧可要大學畢業生。

理由很簡單：很多Nokia的高級工程師，多年來做的是塞班（Symbian）系統開發，被裁的時候只會做跟塞班系統相關的工作。而塞班的市場佔比，早已日漸式微。

前陣子還有個新聞，同樣關於Nokia員工，卻與此形成強

烈反差。蘋果公司面對全球銷量下滑的危機，宣布任命Nokia通信前高管周德翰為新的印度營運主管，再次對印度市場發力。對雇主來說，周德翰的優勢並不是他曾在Nokia任職16年，而是他擁有25年的企業和電信市場的國際營運經驗。

這種強大的可遷移能力，讓周德翰具備跨公司甚至跨行業的複用性。換言之，他已經將自己打磨成一塊厚重的「積木」。

↑ ↑ ↑ ↑

「知乎」上有個問題：什麼能力很重要，但大多數人卻沒有？有個答覆我很認同——底層能力。職業規劃師古典老師在《為什麼下班後4小時，沒法改變你的人生？》中表達過一個觀點：

很難想像一個自我管理不好、不懂得說話、缺乏基礎商務能力的人，會在下班以後突然變成一個自律、八面玲瓏又懂得經營自己的人。因為這些也都是「底層核心能力」，它們在支持你的人生改變。

他們如同地基一般，底部越扎實，上層蓋得越高。

舉個例子。

當年張藝謀作為2008年北京奧運會總導演時，很多人提出質疑：你是拍電影的，怎麼有能力擔任頂級活動的開幕式總導演呢？其實，一位好的導演，他的審美水準、畫面佈局、對鏡頭的掌握能力等皆處於非常穩定的高位。

就算讓他去拍小電影，他估計都能拍出大驚喜。底層能力，它就是一塊塊讓我們真正做到「不可替代」的堅石。

↑ ↑ ↑ ↑ ↑

無數血淋淋的職場教訓，都在一字一句地告訴我們：要麼足夠專業，要麼足夠職業。

就拿經常被詬病的「體制內」來說。在體制內，有的中年人丟了鐵飯碗，職業生涯瞬間畫上句號。而有的人，不僅敢主動離職，還有勇氣重新踏入另外一條賽道。你說他們憑什麼？不管原先的專業能否派上新用場，穩固的底層能力足以讓各項技能快速遷移和組合，搭建出全新的實力。

說到底，在一個地方站得高不算什麼，換個地方還有能耐爬得高，才是硬功夫。

面對前老闆的高薪聘請，該不該跳槽？

　　男怕入錯行，女怕嫁錯郎。男女都怕的是什麼？踏錯行業後，再遇上個「糟心」老闆。在朋友圈看到一件真事：一位原本已是公司中階的朋友，被前老闆以「高於原薪資60%」「高比例年終獎金」「獨立負責團隊」等「豪華禮包」說服，「空降」過去。

　　不到半年，前老闆突然離職。公司總經理不到一週就從其他分公司調來一位副理「協助他」，但核心業務陸續轉交至副理手中。情形不言而喻：曾經的「豪華禮包」，有很大機率要變成「空頭支票」。

「一位好上司，能讓你少走10年彎路。」這幾乎算共識，因此，面對前老闆遞來的「橄欖枝」，他的手不自覺地就伸了過去。但看似即將開啟的新大門，背後卻荊棘密布。

↑

　　之前當人們得知某新媒體「大老」的助理月入20萬元時，錯愕之餘，人們紛紛感慨，要不是這位助理跟對人，哪能賺這麼多？這話沒錯，但你有沒有想過這位助理為什麼在老闆第一次創業失敗、9個月公司停業的情況下，還願意繼續跟隨？在《南方都市報》時，這位助理就以專業和敬業讓老闆震驚了。後來老闆辭職創業，第一個想找的人就是這位助理。而助理在面臨創業公司不到1年便倒閉的局面下，沒回老家、沒考公務員，也沒進家人安排的事業單位，堅持跟著老闆繼續創業。

　　僅「了解」加上「信任」這4個字，就足以讓兩人跨越磨合期，直接挽起袖子進入全新的合作階段。哪怕對方原先不那麼成功，哪怕遭遇許多磕磕絆絆，只要你認可對方，依然值得繼續跟隨。無論哪種合作，最關鍵的永遠是人。選對人，你就成功了一半，對上司來說如此，對員工來說同樣如此。

　　在面試時，很多建議都提到：一定要重視面試官問你的

那句：「你有什麼想問的嗎？」它是最直接獲得對方看法的窗口。所以第一點，面對想挖你的「前老闆」，你們必須彼此熟悉，最好真正共事過，並且，你認可他的做事風格和職業操守。這些在一段職場關係中，或許比你想像的更重要。

如果「前老闆」說：「我們曾經同在一家公司就是戰友啊！」這種口吻，與素不相識的「老鄉」套交情沒本質區別。

↑ ↑

如果老闆「靠譜」，他挖你時是不是就應該痛快答應？我建議也別急著表態，多聊聊他當前的工作情況再判斷。一時衝動，後患無窮。

回到剛才開頭說的那位朋友。私下我了解到，他那位上司去年底才到新公司，但他描繪起未來藍圖時承諾得非常美好──說幾個部門計畫明年擴展業務，正是需要人手的時候。雖然讓朋友做的工作與原先職位不太相符，但業務能推動學習，此時過來，乃大好良機。

第一次開會，朋友就發覺情況不對。發言的時候，前上司不僅是最後一位講話，時間還短得可憐；其他總監去經理辦公室非常勤快，他一週都沒進去一次，甚至同級別總監直接安排

他工作……

在此，有3個關鍵問題需要考慮：

- 他在團隊中地位如何？
- 他是否有話語權？
- 挖你過去，想實現哪些目標？

以上問題的答案越清晰，你的未來發展得越順利。否則很可能出現意料之外的情況，讓你不知如何進退。

↑ ↑ ↑

前面說的兩點，其實有個大前提：你自身有能力立足。比特幣首富李笑來說：首先自己得先成為一個貴人，你才有可能遇見貴人。再厲害的老闆，他只是你的引路人，後面的路，還得你自己走下去。那麼，怎麼判斷自己能否立足？

一個簡單有效的方法──捫心自問：如果沒有你的前老闆，你還願意去那家公司嗎？還能否勝任目標職位？如果這個offer單純地擺在你眼前，若你能匹配70%以上的要求則相對穩妥。不要僅僅因為前方有一位好老闆、有看似美好的未來而滿心歡喜地前往。

最後，回頭看最開始說的另一個讓人怦然心動的字眼——高薪。「就算挖我的不是前老闆，高薪的誘惑力也不小啊，我怎麼可能輕易放棄？」有的人很可能這麼說。但如果你的市場價是月薪4萬元，有人突然開價12萬元挖你，多少帶幾分「才不配位」的味道。職場是典型的利益場，必然遵守投入與回報成正比的規律。遠超行情的收益，往往意味著潛在的重重風險。所以，評估來自前老闆的高薪 offer，不妨先想想以下幾個問題：

- 你是否相信其實力和德行，並甘願追隨？
- 他到目標公司多久了？發展如何？
- 他給你的薪酬，是否在合理的行價範圍？
- 對比目標公司發布在徵才網站上的近似職位要求，你能得幾分？
- 萬一前老闆突然離職，你如何應對？

不清楚彼岸實情，即便上岸也可能跌落水中。畢竟，員工和上司最好的關係，不是誰依附誰、誰提攜誰，而是相互成就、各取所需。

與其辛苦兼職，不如在新職業中尋找新機遇

↑

最近有個詞上了熱搜，叫「副業剛需」。還沒隔多久，另外一句話緊隨其後也上了熱搜：「沒搞副業的我太難了」。

曾看過一份資料，國內有29%的青年有兼職工作。並非大家都不務正業，我之前在文章裡聊過，不管你做什麼職業，都應有自己的「B計畫」，因為：

● 你不知道什麼時候行業下滑、企業失勢；
● 你不知道如何突破工資瓶頸；

● 你不知道手裡這個「飯碗」還能端多久。

只有單一的工作、單一的薪水，無論對職業發展還是財富積累都是很不利的。有位讀者曾問我：「我的本職是產品經理，薪水快兩年沒漲過了，感覺找兼職好難啊，有沒有什麼辦法呢？」其實，我們未必要把本職和兼職清晰地劃分開來，而是要建立「職業」這個概念。

二者不僅可能相互轉換，而且在未來，「多職業者」的概念也許會越來越流行。它們對上班族或者自由職業者來說，意味著更多選擇，以及更具含金量的 B 計畫。而切換新的跑道，或許並沒有你想的那麼遙不可及。

↑ ↑

我結婚時請的婚禮主持人，挺有意思。他的本職是機場調度員，以前在大學時和單位裡都主持過晚會。出於興趣，還有多一份收入的考慮，他先參加了一個培訓機構的婚慶主持人課程，順利結業後，簽約成為公司旗下的主持人。

他的單次主持費用達 8 千元以上（他所在團隊不少資深主持人，單次費用是 1 萬 2 千~2 萬元，甚至更多），碰上結婚高

峰期，他更是忙得團團轉。據說他明年春節的檔期都已經訂下來了。生意好得讓人羨慕。

而他女朋友因為經常陪他去主持婚禮，時間久了，就加入他們公司成為一名兼職的婚禮場務，主要負責帶動氣氛、協助新人，讓婚禮流程順利進行。

兩個人既能換一種方式相處，又能開心賺錢。「婚慶」其實不算新興的行業，但隨著職位細分，每個環節幾乎都可以外包，或被打磨成更符合當下大眾需求的新職業。

再比如為我拍婚紗照的工作室。兩位創始人原先是獨立攝影師，幾年前他們成立了團隊，業務包括化妝、旅拍、孕婦寫真、親子寫真等等，最近他們又拓展了新業務：古風造型寫真。因為結婚時少不了化妝和拍照，他們很容易在婚慶行業找到切入點。

我拍證件照的照相館是一家「夫妻店」，他們不僅拍各類證件照，也提供婚禮拍攝的服務。我與老闆娘聊了聊，她說：「收入還不錯，就是一年都休息不了幾天，實在太忙了。」可見，好的婚慶服務從業者，幾乎不愁客源。畢竟不管大環境如何，每天都會有很多新人結婚，只要你提供的服務滿足人們要求，自然有人願意買單。

↑ ↑ ↑

本職也好，副業也罷，新職業中往往蘊藏著更多機會。它們有幾個共同特點：

1. 側重生活服務領域

服務類型的職業，這幾年可謂與日俱增。我的一位同事兼職哺乳指導師。她說，周圍有專業哺乳指導能力的月嫂相當受歡迎，月薪高達8萬元，還得預約，供不應求。

上週我看到一部紀錄片，住在上海的日本太太池田惠美，其身分是收納整理師。她的日常工作是幫人規劃傢俱收納和教學員專業收納課。經她整理的屋子，哪怕再髒再亂，也能變得乾乾淨淨、清清爽爽。

這個職業在一線城市頗受歡迎。許多客戶由於家中的空間狹窄、物品繁多，居住感受出現了問題，此外一些搬家、倉儲不堪重負等問題，也需要從業者上門解決。

近年來，國人居民總消費中，服務消費的佔比已達到49.5%。因此自然出現了新興的消費點與就業機會。

2. 可拓展性

剛才提到的婚慶行業就是個典型的例子。比如你會拍照，那麼稍微花些心思規劃下，就能拓展包括拍婚紗照、婚禮跟

拍、旅拍策劃、證件照等很多類型的業務。同時也方便與其他團隊合作，形成3~5人小團隊。

我的一位同性朋友羅羅喜歡瑜伽，考了瑜伽認證後，她在一家機構兼職上課。因為非常熱愛這項工作，她辭職後開了一間個人工作室，之後又找了幾個健身老師，將工作室升級為私人一對一健身房。換句話說，這些新興職業，當你有一技之長時，很容易發散出更多新的業務線，讓你逐步實現專業的多維經營模式。這也是為什麼有1/4新職業從業者收入過萬的重要原因之一。

3. 時間自由、工作靈活

很多新職業不需要在固定的辦公地點，合作可以透過移動化辦公，有的團隊成員甚至連面都沒見過（我之前參與的一個兼職開發專案就是這樣，成員來自全國各地，全靠網路溝通）。當然，自由只是相對的，實際上新職業對從業者的時間管理要求很高。

除了基礎的工作，你還得額外考慮營運收支情況、怎樣維護客源、如何定期進修專業水準、是否要擴大業務範圍、要不要找人合作……

尤其在初期，每一項額外考慮都可能投擲大量精力。一個人往往要身兼數職，活成一支隊伍。

↑ ↑ ↑ ↑

　前段時間我一個同事接了個兼職，滿肚子苦水。「好累啊，」他深嘆了一口氣，「最近每晚回家後還要加班到凌晨兩三點，也就幾千塊錢，想想有些不值得。」我完全理解他。

　到了一定程度，薪水上漲變緩，人們也意識到不能全靠薪水，於是就選擇接一些兼職，多賺一些錢。但是，我們還有另外一個選擇：以「新職業」的角度去打磨自己的職業生涯。

　就拿程式設計師來說，官方發布的13個新職業中，包含了數位化管理師、人工智慧工程技術人員、大數據工程技術人員、雲計算工程技術人員等以開發能力作為基礎的職位，它們或許就可以作為程式設計師發展的新方向。

　落到實際行為上，也並不見得需要很複雜的操作。就像這位做底層開發的程式設計師：

- 你是否可以多了解其他更常用的程式設計語言？
- 你是否可以多熟悉團隊中其他職位的工作？
- 你是否可以不限於「程式設計師」的身分，考慮培訓、銷售等新方向？

總之，不要局限在眼前的環境中。崑崙萬維的董事長周亞輝說：「人的一生會有很多機會，我相信機會總是均等的，而不均等的是學習能力，這個要在時間上積累。」

　　多看看別人需要什麼、在用什麼，自己是不是有辦法提供對應的服務。想要破局，只有跳出圈子。所以，別停下學習的腳步，你見識得越多，你的選擇也越多。

　　對我們這代人來說，變化是常態，一招打遍天下的可能性將不斷減少。主動跟上時代的趨勢，將手中的工具靈活打磨成新型態，才能抵擋風浪，披荊斬棘。願你我共勉。

有時候，「跟對人」也很重要

↑

　　週末跟一位老同事吃飯，我們聊到共同認識的一位朋友 H，讓我感觸很深。

　　H先生在4年前，被前老闆挖到創業公司，他從老闆助理，晉升到部門經理，再到技術總監……其中的過程不能說順風順水，但結局總歸是不錯的──薪水翻倍地增長，加上他算「元老級」員工，年終還享受公司的利潤分紅。說著說著，氣氛突然有些尷尬。一起吃飯的老同事，差不多也是三四年前跳

槽，但他跟H先生比起來，少了一些「運氣」。他一進公司便碰上了派系內鬥，他不想選邊站，卻兩頭得罪。

好不容易被副總提攜，副總又跳槽了。新上司不待見他這樣的「老人」，沒多久就組建了自己的小團隊。原本進公司職位比他低兩級的人，半年就和他平級了，年終獎金還拿得比他多。「H就是跟對人了，」同事苦笑道，「我和他原本各方面都差不多，現在都快不在一個層級上了。」

我特別理解他的不甘。兩人的能力和資質都差不多，一位遇見貴人扶搖直上，一位遇人不淑深陷泥潭。差距非常之大！

↑ ↑

不得不承認，跟對上司能獲得快速的發展。但許多人明知如此，平日裡卻不太重視，或把這些事情籠統地理解為「套關係」。要知道，在職場，人脈是你非常重要的資源，而上司，更是這個人脈資源庫裡不可或缺的一部分。

因為很多事情，不論換誰來做，都不會有太大的差異性，在任何一個已成規模的公司裡，並沒有誰是真的完全不可替代。

除了踏實做事之外，如果有人能拉你一把，你往前跑的速

度將大大提高。被稱為「最勵志櫃檯」的董文紅，在2000年進入阿里巴巴時已經30歲了。她沒背景，也不懂互聯網，應聘行政助理沒被錄用，第二次再試，勉強當上了櫃檯客服。

幾年之後，因為董文紅在職位上表現不錯，在彭蕾的鼓勵下，她出任行政主管。此後她一路晉升，從菜鳥網路的CEO，到阿里巴巴的首席人力官，再到資深副總裁，實現了驚人的跨越。努力和堅持很重要，可有時候，上司的提拔才是讓努力和堅持「開花結果」的關鍵。

這麼多年在職場，我見過許多前台和行政，有兢兢業業的，有埋頭苦幹的，有八面玲瓏的，不過無論哪一種，幾乎都沒有太大的突破。

相比起來，董文紅無疑幸運太多。

既然跟隨優秀的人能快速發展，那麼，如何找到這位「對的人」？其中固然有運氣成分，但一個人的好運與其自身也有很大關係。

1. 自己先成為「貴人」

李笑來說，首先自己得努力成為一個貴人，你才有可能遇

見貴人。

如果你做事認真踏實，能舉一反三，主動提供幫助及想法，就很容易得到周圍人的認可。剛才提到的阿里巴巴董文紅，她一開始雖只是個小小的櫃檯人員，但同事要出差，她會提前準備車次表；炎熱夏季，她會主動安排冷飲；甚至主動在客服忙碌時，幫助解答。只要用心，別人都會看在眼裡。

2. 主動行動

前段時間，帶著自己的團隊和藝人上節目的經紀人楊天真走紅於網路。了解了這位34歲、手握39家公司的娛樂圈著名經紀人的經歷，我腦海中浮現出4個字：主動出擊。楊天真不是一般的主動。

她在傳媒大學讀書時，就給行業知名經紀人王京花發自薦簡訊：「花姐你好，我叫楊思維，我特別想跟你工作。」不卑不亢，簡明扼要。很快她就收到回覆：「我喜歡主動出擊的人。」

兩人見面後吃了頓便當，相談甚歡。王京花說：「你下週一來上班吧。」那時的楊天真，不過是一名大三的學生。大部分人，在職場上是被動的，你可以說他老實忠厚，但他們不敢想、不敢說，更不敢主動選擇跟隨自己認同的前輩。甚至連談薪水時，都是「猶抱琵琶半遮面」。

任何一種競爭，本質都是對主動權的追求。與其被動等待，不如主動出擊。

↑ ↑ ↑ ↑

孫悟空如果沒跟隨唐僧去西天取經，再厲害也不過是花果山的潑猴。張飛如果沒跟隨劉備，恐怕一輩子都是個殺豬賣肉的小販。做正確的事，比正確地做事更重要。什麼叫正確的事？

我認為，正確的事中就包含選對行業以及跟對人。

我們在工作時，不妨多留心與同事和上司的相處，他們很可能在某一天，成為你職業生涯裡最重要的一個轉折。另外，大部分上司其實對主動向自己求教、表達跟隨意願的年輕人，是很願意給機會的。

你多向認同的前輩和領導請教，一來自己會獲得成長，二來彼此有了交流，往後更容易產生合作。

正是這些「有來有往」，才讓泛泛之交成為志同道合的莫逆之交，讓優秀的人慢慢走到一起。

有才華卻不被重用，很可能是「逆商」不夠

↑

在一個路口等紅綠燈時，我旁邊一位年輕媽媽騎著電動車載著小孩，但電動車壞了。當時正值下班高峰期，街上車水馬龍，路人行色匆匆，年輕媽媽可能有著急的事要趕著回去，一直唸叨：「太倒楣了！根本來不及！」她一邊唸叨一邊責備小孩不該出來玩。後來還罵聲越來越大，罵兒子不聽話，甚至指責起幼稚園老師……

一直沒出聲的兒子，突然「哇」地哭出聲來。這時路人提

醒她，可以打電話給電動車售後人員來修車，附近也有家維修店。年輕媽媽這才把車推到一邊，只是嘴裡依然嘟囔著「真是倒楣透頂！早就說以後再去玩……」

看她遠去的背影，我忍不住感慨：人生不如意事十有八九，沒遇到困難時，大家都春風滿面，可遇到不如意時，有人瞬間情緒崩潰，也有人哪怕境遇再糟糕，也能頂住壓力，絕處逢生。所謂「逆商高」的這類人，多半混得不錯。

↑ ↑

這幾年在職場，我聽到太多人咬牙切齒地說「老闆有意刁難」「同事不好相處」「做生意到處是陷阱」「合作夥伴翻臉就坑人」……

以前我認為，一個人爬得多高取決於他的能力，可後來我發現，有的人明明很優秀，卻彷彿被罩上一張透明網，使盡全身解數也無法掙脫。因為，他們「剛性有餘，韌性不足」。

我一位同事說，他以前帶過一個畢業於一流大學的員工，能力出眾、業績突出，可那位員工就是升不到管理職：

● 會議中別人對他的方案提出質疑，沒說兩句他就怒了；

「是你懂還是我懂？要不你來寫？！」

● 客戶打電話來催報告，他急得差點沒和人家吵起來；

● 平日裡為了一點意見分歧經常髒話連篇。

久而久之，同事們看到他就頭疼，避之唯恐不及。其實明眼人都看得出來，他能力沒問題，但實在承擔不了重任。不但起不到領導者的作用，連基本的工作也可能出現問題。

誰上班沒有壓力、沒有煩心事呢？大家都焦頭爛額了，還得承受他的負面情緒。

日本作家渡邊淳一提出過一個詞語，叫作「鈍感力」。它跟遲鈍不一樣，它是指面對困境時的一種耐力。對事情不過分敏感，「臉皮厚一點」，生存力就強一點。

↑ ↑ ↑

事實上，相比於缺乏才華，人們更常見的瓶頸是缺乏處理情緒的能力。之前看松下幸之助的故事，有兩件極具反差的事情讓我印象深刻。第一件事情，是關於一名叫神田三郎的求職者。

神田三郎是一流大學畢業生，成績非常優異，面試時在幾

百人中排名第二，但由於電腦出現故障，神田三郎的名字沒有出現在錄用名單內。松下得知後，立即讓人給神田三郎發錄取通知書。但神田三郎竟然已跳樓自殺了。大家都非常惋惜，認為錯失了一個有才華的年輕人。松下幸之助搖搖頭說：「幸虧我們公司沒有錄取他，這樣的人是成不了大事的。一個沒有勇氣面對失敗的人又如何去做銷售？」

第二件事情，是松下幸之助自己的求職故事。

自幼家境貧寒的他，矮小瘦弱、衣著骯髒，去電器公司求職時主管看不起他，便隨口說：「現在沒缺人，你一個月以後再來吧。」這話本來是推託之詞，沒想到一個月後松下又來了，主管又找了個理由打發他回去。過幾天，他又來……如此反覆多次，主管索性說：「你太髒了，進不了我們公司。」

松下馬上借錢買了一身乾淨衣服，再來。主管又說：「電器方面你懂得太少。」沒想到，松下兩個月後再次出現在主管面前說：「我已經學會了不少有關電器方面的知識，您看我哪方面還有差距，我一項一項地彌補。」松下幸之助終於打動了主管，得到這份工作。

越是逆境，越看得出一個人的上限在哪裡。人的一生起起落落，逆商高的人是個橡皮球，掉下去會再彈起來，而逆商低的人是個玻璃球──一跌落，就碎了。

↑ ↑ ↑ ↑

　　什麼叫「逆商高」？我一位HR朋友有一條定義：能客觀看待困境，及時採取有效行動，並且很少讓負面情緒蔓延。換句話說，不會一味地沉湎於挫折中。

　　這方面，王寶強讓人特別佩服。他曾親自上台領取「金掃帚最爛導演獎」，成為金掃帚獎舉辦以來，第一位到場領獎的一線明星。對所有電影人來說，獲得金掃帚的獎項無疑是一種恥辱。

　　但王寶強不僅來了，而且登台發表了一番真誠而又不失水準的獲獎感言。主持人有意幫他宣傳新作品的時候，還被他拒絕了。他說今天就是來接受批評的，不會為自己宣傳。在他發言期間，現場響起了三次雷鳴般的掌聲，無數人對他刮目相看。

↑ ↑ ↑ ↑ ↑

　　比爾・蓋茲曾說：「巨大的成功靠的不是力量，而是韌性。」真正優秀的人，都擁有強大的逆商作為他們堅實的後

盾。他們永遠能從最壞的狀況裡找到生機，在不堪的境遇中堅守希望。這樣的人，不是贏在風平浪靜時的意氣風發，而是贏在狂風暴雨中的抵浪前行。

　　你會看到，最艱難的逆境，最容易拉開差距。那些早已把「玻璃心」打磨成「鑽石心」的人，才能披荊斬棘地笑到最後。

第 **4** 章

經濟學視角，幫你理清思路

真正拖垮你的，是沉沒成本

　　一次整理書櫃翻出一張美髮卡，我才突然想起辦理後只用了兩次，住家附近的分店就關了。雖說其他分店可用，但來回路程將近1小時。花出去的錢就這樣「打水漂」了。

　　把它視為浪費也好，沉沒成本也罷，總歸是讓人傷神傷錢的事。可沉沒成本總有讓人念念不忘的魔力，你會為此懊惱，或是死死不願放手，越陷越深。

↑

很多人在公車站，等越久，越不願叫計程車——不是「摳門」，而是不甘心，人們寧願在烈日下繼續滿頭大汗地等，也不想讓已過去的時間「被浪費」。

比如戀情或婚姻明明已名存實亡，可許多人仍然不願分手，寧可彼此繼續消耗時光、不斷讓痛苦發酵。

諾貝爾經濟學獎得主約瑟夫‧斯蒂格利茨（Joseph Stiglitz）曾用一個生活中的例子來說明什麼是沉沒成本。

假如你花7美元買了一張電影票，你起初便懷疑這個電影是否值7美元。看了半個小時後，你最擔心的事被證實了：影片糟透了。你應該離開影院嗎？在做這個決定時，你應當忽視那7美元。它是「沉沒成本」，無論你離開影院與否，錢都不會再收回。此時，離開影院是一種更明智的選擇，因為你不需要在「浪費7美元」的基礎上，再浪費自己寶貴的時間。在實際生活中，很少有人能理智地做出「離開影院」的選擇，因為承認「7美元花得不值」，是如此地讓人心疼。太多人對所謂「浪費」資源擔憂害怕，逃避面對已有的損失，卻在層層嵌套中不斷投入新的成本。

↑ ↑

前幾年我心血來潮買了一台健身的騎馬機，心想以後在客廳就可以邊看電視邊運動了！但3個月不到，我就後悔了：我在家的大部分時間都是在書房，偶爾到客廳，也是想躺在沙發上休息一會兒。爬上騎馬機對我來說不亞於用刑。

結果，這個「大傢伙」一放就是兩年多。不僅沒有起到作用，它還影響了房間的搭配，減少了視覺空間。

人的本性傾向於不斷佔用資源，至於是否值得、是否有意義，則是理性負責判斷的事。一旦理性放鬆了警惕，本性就像滾雪球般越滾越大，把你拽下山崖，難以起身。

↑ ↑ ↑

如何防止被沉沒成本拖垮呢？有兩點：第一，讓自己回答一道假設題；第二，一開始便想好停損線。

首先，當你真到兩難的境地之時，你不妨問問自己：倘若不需付出成本或代價不大，自己會如何選擇？這種方式尤其適合於工作、情感等不可量化的領域。

面對眼前無法令你滿意的工作，若你只做1個月而不是5年，你是否仍願意繼續？若感情持續只不過短時間，你是否願意繼續與對方磨合？點的外賣相當難吃，若這是別人請客，你

會不會直接下樓買點好吃的？若不是花高價而是免費得到線上課程，那麼，發現老師講的內容枯燥乏味，你還會繼續花大量精力把整套課程聽完嗎？事情分開來看，答案很可能就呼之欲出了。

其次，在事情一開始便想好停損線。這種方式適用於那些可以用金錢、時間作為衡量標準的情況。

例如在購入股票時，想好它虧損到什麼程度便需要拋售，便能讓你在很大程度上擺脫僥倖心理。越大的投入，越需要在開始時慎重。認真學習游泳很重要，但不讓自己在水裡淹死更重要。

我們終究不是神，無法保證事事如意。這輩子總會遇到損失，難免浪費些什麼。但只有不被浪費困在無止境的黑洞中，才能轉向春暖花開的未來。

看似不起眼的小錢，值不值得花？

　　一次，朋友給我轉發了篇熱文〈30元一杯的咖啡，5年我喝掉一套房〉。朋友開玩笑道：「你5年應該能喝掉3套房吧？」

　　我說：「你瞎說什麼呢，至少5套！」好吧不鬧了，我在手機這端淚眼婆娑地回覆：「你們放心，我就算沒喝咖啡，也賺不了1套房。」

↑

一對夫妻，每天早上必定要喝一杯拿鐵咖啡，看似很小的花費，30年累計算下來竟達到了280萬元！

後來，人們就用「拿鐵因子」來指那些「可有可無」的東西。別小看這些「可有可無」的東西，長期積累下來，它們真能形成「龐然大物」。

我身上的「拿鐵因子」不少。

比如口紅。有段時間我特別喜歡買口紅，各種顏色、品牌的口紅買了一堆，沒多久就察覺不對勁了。我日常用的就兩支口紅，顏色一深一淺。其他色號的口紅，買的時候純屬獵奇心理作祟，用兩三次之後就很少再用。

比如線上課。我之前1個月買過20多門線上課，從職場社交、營養搭配到解說名著，包羅萬象。可事實上，70%以上的課程我都沒聽完。就算聽完，你讓我複述一遍內容，我也說不出來。

所以，拿鐵因子的重點，不在於它的價格，而在於這樣東西，是否產生了匹配價格的預期價值。

↑↑

其實，大部分人是很難察覺出拿鐵因子的。有個詞叫

「稟賦效應」，它由2017年諾貝爾經濟學獎得主理查·塞勒（Richard Thaler）提出。簡言之，就是你擁有某樣東西後，你對這樣東西的評價會變高。

有段時間，一到下午上班，我就本能地呼朋引伴，拼單點奶茶。點奶茶變成固定模式，奶茶一時爽，一直喝一直爽，於是我還美其名曰「儀式感」。

同事問：「你還喝上癮啦？不喝會怎樣嗎？」我振振有詞：「不喝容易餓啊，還特別容易累。」後來朋友們逐漸對奶茶沒興趣了，沒人拼單，我只好作罷。幾天後，我也對奶茶失去了興趣，之前說的「不喝容易餓、容易累」也完全沒有發生。

可見，當你習慣某件事時，你的潛意識就會找五花八門的理由讓它變得合理化。例如：

- 習慣搭計程車，你就認為舒適方便很重要，哪怕你的時間充裕，大眾運輸更便捷。
- 習慣成為會員，你就認為每個網站的會員都值得加入，哪怕有的會員權利你只用了一兩次。
- 習慣喝星巴克咖啡，你就認為星巴克咖啡最好喝，哪怕是最普通的美式。

一旦順理成章，你的錢便大搖大擺地離你而去了。

↑ ↑ ↑

我向來支持年輕人賺錢，因為自己的第一桶金，就是老老實實靠薪水攢下來的。但是，我們的注意力，應該逐漸轉移到花出去的錢上。好的花錢，其實是好的投資。

一件事從投資角度看，不是看支出多少，重點是看回報率。使用頻率如何？有無浪費？有何效果？回報是否達到預期？在我眼中，積少成多的不叫拿鐵因子，投入產出比過低，才是貨真價實的拿鐵因子。

網路上看到一句話：「攢錢是苦力活，花錢是技術活。」這句話有一定道理，因為錢只有在花出去的時候，才是真正體現價值的時候（當然，前提是你有錢可花）。如果你暫時沒什麼目標，那麼，踏實賺錢、盡早買房，是不會出錯的；如果你有一定想法，比如提升自我，那麼，拿出一張紙，左邊寫上支出金額，右邊寫上預計回報，評估後再做出決定。

拿鐵因子的最大意義，並不是幫你攢下多少錢。畢竟在這個多元化的社會，資本有許多呈現方式。它的意義，是告訴

你兩句話：一是「沒必要花的錢，多花1分錢都浪費」；二是「有必要花的錢，10萬都不嫌少。」

「峰終定律」，讓你事半功倍

↑

　　我媽和幾個朋友報名了某旅行社的一日遊，人均只需不到 400元，遠低於市場價格。

　　她開心得眉飛色舞，我心中卻忐忑不安。這種低價遊很可能藏著騙局，我只好叮囑她：「千萬別在購物商場亂買東西，千萬別理會導遊在車上的推銷。」

　　我媽愉快地保證了。回來後，她亢奮的表情還是讓我心頭一緊。

「今天玩得怎麼樣啊？」

「可好了，挺熱鬧的，安排得也不錯。」

「有去什麼購物點嗎？」

「沒有。」

「有推薦自費方案嗎？」

「沒有。」

「午餐吃得怎麼樣？」

「在星級酒店，菜色不錯。」

　　我還沒回過神來，我媽轉身拿出一瓶東西，說旅行快結束時，導遊還免費給每位遊客送了一瓶當地特產山茶油，價值120元。我心想，他們服務還挺好，可這絕對得虧錢啊！細問了下，大概明白了。

　　那家本地旅行社最近貼錢做口碑，巴士上導遊確實拿著喇叭向遊客們推介，但推介的內容並不是強制遊客去指定購物點消費，而是介紹他們旅行社的特點——「0購物，0自費」。我媽說，不少同行的遊客特別滿意，下車前還訂了旅行社其他特色遊路線。果然，這招比強制景點消費高明多了，既坦誠又聰明。

坦誠在於，這家旅行社沒有像網上曝光的那些「低價遊」一樣，先以低價吸引來客戶，再威逼利誘他們去額外消費。聰明在於，它很好地抓住了幾個關鍵時刻，給人留下非常好的印象，從而提升了遊客體驗，推動了二次銷售。在現代社會中，這樣的例子無處不在。

↑ ↑

英國經濟學獎、諾貝爾獎得主丹尼爾‧卡納曼（Daniel Kahneman）曾經提出一個著名的定律，叫「峰終定律」。根據他對記憶的研究表明，人在經歷某件事後，只能記住兩個因素，第一個是「事件高潮」，第二個是「結束時刻」。其他因素對整體體驗，並不會佔太大比重。一個「峰」，一個「終」，主宰全域。

去過IKEA的朋友可能有這樣的感觸，IKEA最吸引人的，是出口處售價僅20元的霜淇淋。有人甚至開玩笑說：「我就是想吃霜淇淋才去IKEA的，誰知道每次都逛了大半天。」這麼便宜的霜淇淋不會賠本嗎？當然不會。

IKEA的購物路線實際上並不理想，有時候想買個東西，你得逛完整個店，非常累人。而甜品的售賣區設在出口，是必

經之路，20元的霜淇淋既便宜又美味，不僅讓人疲憊感蕩然無存，還讓人有一種佔便宜的快感。

正因如此，IKEA在中國僅一年就售出1千2百萬支霜淇淋。回頭來看前面提到的低價遊。「峰」是出色的路線安排與服務，以及實惠的價格；「終」是快結束時免費送的一瓶山茶油。這麼好的服務，誰都會感到印象深刻的。

↑ ↑ ↑

有一次，一位資深員工很不服氣地說，他們部門一位名年輕員工剛進公司沒多久，突然就加薪升職了，真讓人不解。其實很可能是因為，他在某些關鍵時刻表現出眾。

不管他進公司時間多長，其他方面做得如何，有哪些優、劣勢，只要在關鍵的地方做得出色，老闆對他的最終印象，就會是正面的。我一位朋友剛跳槽沒幾個月，便碰上個很重要的簡報介紹。當時，她的上司突然生病住院，一時半會兒找不著人選，只好讓她頂替。

雖有一天時間準備，但她反覆練習到凌晨2點。第二天的簡報相當成功，上司對她刮目相看，之後上司便說，可以讓她接手一部分更有含金量的任務，好好培養。

這類事情，在職場上不勝枚舉。

↑ ↑ ↑ ↑

我曾問過幾個當老闆的人，他們最願意提拔哪些員工。他們說，有某項特長的員工，哪怕其他能力相對一般；反之，無功無過的員工，最沒有存在感。

在互聯網公司工作的萊萊，挺感慨地聊過一件事。有A、B兩位經理，他們從能力到資歷各方面都差不多，但老闆對B經理的印象比較好。萊萊以前不明白，以為這不過是老闆的偏好罷了，直到她調到B經理分管的部門才發覺真正原因。

舉個例子來說，所有經理中，只有B「會」開專案總結會。不是自己一個人發表意見和觀點的「演講會」，而是讓每個員工都一一總結。然後，他把專案成果、經驗、教訓都認真總結一遍。最後，B再主動寫份2~3頁的專案報告發給老闆。A經理總認為，這種會議是形式主義的表現。可年會上，老闆特意提到這件事，並要求以後每個專案都要這樣「善始善終」地收尾。

這些年見過太多的職場人，他們似乎做得還可以，但也只是「還可以」。說他做得不好嗎？好像也不是；說他做得好

嗎？貌似也談不上。久而久之，陷入庸碌無為的平淡僵局。

　　用暢銷作家萬維鋼老師的話說，如果要贏得顧客的好評，有一個有效的原則，那就是「多數可遺忘，偶爾特漂亮」。大部分情況下，中規中矩；關鍵時刻，使勁發力。是金子總會發光？錯了，這個時代懂得發光的，才是金子。

省錢上癮，有可能越省越窮

　　有一句話你可能聽過：「省錢就是賺錢。」可我發現兩件挺有意思的事情。

　　一是，常把這句話掛在嘴邊的人，通常賺不到什麼大錢。二是，真正把「省」做到極致後，個人財務上也很難有可圈可點之處。

　　一位年輕的程式設計師同事，能將一張餐巾紙分成4次使用，點外賣為了省3~5元能花20分鐘湊紅利或拼單。

　　他曾略帶自豪地說，他每月除去房租水電，消費只要2千4百。午餐最常吃30多元一份的餃子，晚餐回家自己煮麵。衣

服和日用品非打折不買。

　　尷尬的是，前陣子他很不好意思地向我們借錢，說朋友結婚，要準備包紅包的錢。「怎麼感覺越省越窮啊……」他不經意地嘀咕道。

↑

　　其實本末倒置的省錢，會造成巨大的金錢損失。我對這點感觸最深的一件事，是買筆記型電腦。

　　兩年前，我為了移動辦公方便打算再買一台筆記型電腦。我心想，反正主要用來寫作，不如就買個性能一般的，只花1萬6千元就夠了。可買回來之後，沒多久就開始出現問題。

　　先是螢幕不定時出現分隔號，再到休眠喚醒時會突然亮度滿格。有一次，電池居然凸起了一塊。我當時正在趕一篇稿子，又實在擔心電腦出問題，只好抱著筆記型電腦到線下售後點維修。一來一回，1個多小時就這麼浪費了。我馬上決定換一台筆電。痛定思痛，我內心默唸：以後越是高頻率使用、越重要的東西，越不能省錢。

　　很多時候我們所謂的「省錢」，是買那些看起來更便宜的替代品。原本想買A，但A太貴，於是買了看起來差不多、價

格卻更便宜的B。結果使用時狀況連連，最後不得不又回頭買A，或是置換同等級的商品。本以為能省下一筆錢，結果反而多花了一筆錢。

↑ ↑

這幾年，我慢慢看清一點：過分省錢，容易讓你忽視更重要的事。因為幾乎沒有任何一件事，可用單一維度衡量利弊。

你眼中的「虧」，沒準是個驚喜禮包；你眼中的「賺」，可能讓你血本無歸。

我一位原本在2018年就想買自住學區房的同事，到今年還沒買成。近兩年房市不太好，房價微跌，他始終猶豫不決，總想著過陣子會不會繼續跌。最近，他所在的城市發布了入學新規定，同事心儀許久的學區房，頓時價格飆升，每天看房源App他都「心驚肉跳」。在此之前，他經常說的一句話是：「我要買的房既是剛需，又帶學區，當然要慎重。」可這並不是慎不慎重的問題，說白了，同事心中抱著的是佔便宜心態。

在買房或是投資這類大額交易上，許多人總是期盼自己入手的是最低價，而忘記了做這件事的本質和目的。真到房價腰斬了，他們會買嗎？不會。他們會以為還能再跌一半。結果

就是，在佔便宜式的省錢心態中，不斷失去機會，直到永遠錯過。

↑ ↑ ↑

《富爸爸，窮爸爸》裡有一個觀點：金錢並不能使你變富有。錢只是個工具，只有合理聰明地花出去才能產生價值。否則擁有再多的金錢，也只是一個冷冰冰的數字。

不少人省錢，是抱著「省下越多，我就越富有」的心態，於是斤斤計較、患得患失。

其實，這在很多時候是得不償失的。我認識的一位女性朋友，懷孕後辭職在家待產。1年半後，她打算請個保母做家務，然後自己重返職場，結果卻遭到老公和家人的阻攔：「明明你可以帶小孩，為什麼要請保母，花那冤枉錢？」

對他們來講，職業規劃不重要、賺錢能力不重要、興趣愛好不重要、享受生活不重要，省錢最重要。這種生活品質，錢賺再多又如何？其實，省錢的意義不在於「不花錢」，而在於你存下一筆錢，它能用來購買更多服務，它能讓你有時間去做更擅長的事，它能讓你產出更有價值的東西。

作家安娜·拉佩（Anna Lappé）說，每一次花錢都是在為

你想要的世界投票。不花錢，意味著你投了棄權票。

經濟學中有個說法：本金不足時，勿寄希望於資本力量。許多人一邊拚命省錢，一邊在收入上乏善可陳。解決問題，最快的方式是「抓主要矛盾」。培養賺錢技能，明顯能解決大部分問題。捨本逐末地去省錢，到頭來不過是一場自我安慰罷了。

↑ ↑ ↑ ↑

財富的意義是什麼？我覺得包含兩點：

1. 增強你判斷輕重緩急的能力

熟悉我的讀者知道，我向來支持年輕人賺錢。可賺錢和吝嗇，完全是兩碼事。當你明白儲蓄在個人財務上的重要性，更能分清哪些是重要的事、哪些是沒必要的事，每件事的權重在你心中日趨清晰。

它讓你更加理性，也讓你的錢發揮更大作用。優質的花錢足以升級你的財富，剛才提到的學區房，就是個典型例子。

2. 增加你控制金錢的能力

比爾·蓋茲說過一句話：「金錢需要一分一釐地積攢，而人生經驗也需要一點一滴地積累。在你成為富翁的那一天，你

已成了一位人生經驗十分豐富的人。」

　　一個人在增加財富的同時，他對財富的理解、對金錢的控制、對消費的理解力，也將逐漸強化，直至成為金錢的主人。最後我想說，當我們提到省錢、提到延遲滿足，不是說你要勒緊褲腰帶過苦日子，而是利用它幫助自己建立理性金錢觀。

　　你賺錢的能力在變強，你用的東西在變好，你花的錢卻在變少，以及你有辦法讓自己的財富處於反覆運算增長的良性循環。你生活的所有層面，都在朝好的方向走去。這或許才是我們真正想要的。

為什麼有的便宜不能佔？

「沒有僥倖這回事，最偶然的意外，似乎也都是事有必然的。」長久以來，我都認為愛因斯坦的這句話，是句廢話。

後來發現，很多時候我們之所以踩坑，的確都是因為心存僥倖。尤其面對免費的「餡餅」，總是控制不住把手伸過去。

↑

前些日子我一位親戚裝修，用她的話說：「身心簡直經歷了一次慘無人道的摧殘。」請來的工人，不僅偷懶，做工還十

分粗糙，親戚只得每天跑去當監工。

有一天她有事沒去現場，回來時「傻眼」了：浴室的瓷磚貼反了。她精挑細選的花紋，不倫不類地出現在眼前。工人滿不在乎地說：「哎呀，不礙事的。」這下親戚怒火中燒，當場和工人吵起來。聚餐時我們聽到自然忿忿不平：「既然這樣，趕緊換工人啊！」

「他們中一個是我朋友的表弟，一個是朋友的老鄉，我總不好和朋友說辭退他們吧？」親戚說到這裡突然安靜了，嘴角抽動了兩下，接著說：「當初看價格比外面工人便宜一半，又是熟人，所以就……」我突然明白了，這又是一個典型的「熟人陷阱」。

↑ ↑

中國是「熟人好辦事」的人情社會，其實這並沒什麼好或者不好，但問題的關鍵在於，許多人濫用人情，潛意識裡把它當成張免費兌換券，殊不知，到手的往往是一顆燙手山芋——吃也不是，丟也不是。我的高中同學KK，在朋友圈看到一位關係平平的朋友開了一家婚紗攝影工作室，邀請新人免費體驗。他一看能省下一大筆錢，內心十分激動，便主動聯繫那位

朋友，說他正準備結婚，希望體驗一把。朋友倒也熱情，一口答應下來。

可拿到照片一看，風格和廣告中的大相逕庭，是那種20世紀90年代的影樓風。KK雖覺得不好看，但還能勉強接受。

但未婚妻直接氣哭。一會兒說太土要重拍，一會兒指責他貪便宜，就是捨不得為自己掏錢。

更令人惱火的是，朋友未經他許可，便將「小倆口」的婚紗照掛在店內牆上。到最後，KK說朋友拿假宣傳圖騙他，朋友說KK佔便宜還不知足，不歡而散。看似雙贏的事，怎麼會變成這樣？

第一，熟人 ≠ 人脈。一套婚紗照上萬塊錢，平時即便拿來做贈送活動，通常都有附加或限制條件。你和人家不過是普通朋友，他憑什麼白白送你？

第二，就算是人脈，也不是無限量免費供應的。「來而不往非禮也」，且不說以後會不會幫助對方，至少當下也要請對方吃頓飯吧？

第三，沒有付費，就沒有約束力。別人可以隨時收回承諾，不必付出任何代價。

↑ ↑ ↑

有句話叫「將欲取之，必先予之」。放在人情關係中，我的理解是：付出與得到，長久來看始終是天平的兩端。

有一次我辦理簽證，一位在小旅行社上班的長輩聽說後，主動說她能搞定，還能給個親情價。我內心一動搖，答應了。一開始便隔三岔五地補交材料，離出國日期很近時她突然告訴我，資料有些問題被退回來了：「偶爾會出現意外啦，你出國能改期嗎？」

我差點就崩潰了，我的機票、酒店全都訂好了，改期出行不僅麻煩，還會損失一筆錢。

我當機立斷，第二天就去自助遊網站上，花了不到3千元便找到一家本地旅行社辦理。按照他們要求快馬加鞭地重新整理資料，這才有驚無險地趕在出國前拿到簽證。

有些「親情價」，可能本來就是服務和品質低於平均，價錢才低於平均。一分錢一分貨，這話是有一定道理的。

↑ ↑ ↑ ↑

《窮查理寶典》一書中說，在大多數情況下，要說服一個人，從這個人的利益出發最有效。聽起來有些冰冷，但維繫一

段感情的有效方式，就是「明算帳」。

　　總結起來就兩點。首先，說出要求與報酬。金錢關係是種潛在的契約關係，多數人拿錢後，責任感隨之升溫。我們使用人情的目的，不是要佔多少便宜，而是希望更省心、更便利地達到目的。況且，給予一定報酬後，提要求也不至於不好意思。其次，表達感謝。別小看這4個字，很多人找人幫忙後，認為不過是舉手之勞，說「謝謝」顯得「生分」。可是，「舉手之勞」是幫助者的謙辭啊。發個小紅包、請頓下午茶，哪怕說句「辛苦了」，都比一聲不吭要好。

　　這年頭，談感情比談錢更讓人焦慮。談錢，還能有個明碼標價；談情感，一不留神就談崩了。免費的東西，到頭來你會發現——不僅不經用，還喪失了應有的邊界感。又何必呢？

不經思考的從眾，只會讓你看起來很傻

↑

前段時間，網上流行一款水果茶，我在朋友圈裡看到好幾次它的身影。許多朋友不僅用華麗辭藻表達對它的讚美，甚至為了買一杯水果茶特意跑去排長隊。有一天我剛好路過，看到排隊的人不算很多，腦子一熱，我便站到隊伍末端。10分鐘後，外觀炫目的水果茶到手。

喝了一口，味道卻感覺很一般。入口是氣泡水的味道，然後是淡淡的水果酸澀味，緊接著一種糖精的甜味襲來，讓人猝

不及防。

　　真令人大失所望。我不單心疼100塊飲料錢，更心疼排隊的時間。

↑ ↑

　　盲目從眾，有時候會讓人喪失最基本的判斷力。

　　日本有一檔綜藝節目，節目組讓100個人走到街上，默默包圍住一個正在行走的路人。突然，所有人同時趴下，看看夾在其中的路人會有什麼反應。結果，多數路人也會跟著一起趴下。

　　哪怕完全不知道發生了什麼事，也顫顫巍巍地趴下了。社會心理學的研究證實，如果脫離了大多數，會讓人產生不安。尤其是對自己缺乏自信的時候，這種心理效應會更加顯著，它也被稱為「同調行為」。我們習慣以多數人的行為，代替自己的判斷。

- 看到網路輿論一邊倒地在罵某個人，你也可能會沒有緣由地跟著罵。
- 看到過馬路時有人闖紅燈，你很可能也動了跟著過去的

念頭。

- 看到超市裡有人搶購特惠商品，你也可能跟著買了一大堆自己不需要的東西。

就拿前面說的水果茶來說，我在平時既不愛喝水果茶，又不喜歡去網紅店「打卡」，為什麼那天我就鬼使神差地站到隊伍後面？還不是因為我看到有不少人在排隊啊！很多時候，我們用直覺代替了思考，不自覺地跟隨他人的判斷。久而久之，變成了面目模糊、行為趨同的一群人。

↑ ↑ ↑

事實上，「從眾」並非貶義詞，它有正反兩面。我週末習慣在一家咖啡店寫作，效率比在任何場所都高。一開始我也覺得挺奇怪，到底是沖咖啡小哥身上的陽光味道，還是老闆帶著商業關懷的微笑，讓我如此神魂顛倒？

直到有一天，我環顧周圍才突然發現奧秘——那家咖啡店在小巷子裡，很安靜，絲毫沒有位於市中心或是購物中心的喧鬧。店內90%的顧客都是像我這樣帶筆電過來工作的人，周圍人都在安靜工作，自己也會沉下心來，專注力不知不覺地提

升了。你看，群體的影響是不是帶來了正面作用？

消極的從眾，看到別人「跳到坑裡」，自己也邁腿往坑裡跳。積極的從眾，當你無所適從時，看著別人的成長，或許自己也有了新動力。

↑ ↑ ↑ ↑

法國科學家約翰・法伯（John Farber）曾做過一個「毛毛蟲試驗」。這種毛毛蟲有個特點：習慣跟隨。法伯把幾隻毛毛蟲放在花盆的邊緣上，使牠們首尾相接，圍成一圈。同時，他在離毛毛蟲不到6英寸的地方，撒上蟲子們愛吃的松葉。

沒多久，毛毛蟲開始一隻接一隻地繞著花盆團團轉。1個小時過去了、1天過去了、2天過去了……直到第7天，可憐的毛毛蟲終於在筋疲力盡和極度飢餓中死去。法伯在實驗筆記中，寫下一句耐人尋味的話：「在這麼多毛毛蟲中，只要有一隻稍微與眾不同，大膽嘗試、走出圈子，便能立刻避免死亡的命運。」

然而，這類事情，我們周圍每天都在發生。

職場上：會議室裡有十幾個人，你明明有個足以讓人拍案叫絕的想法，可你左顧右盼發現大家都不說話。於是，你默默

把提案嚥回肚子裡。

　　生活中，搶購潮、補習班潮、擇校潮、留學潮、旅遊潮……各種潮流非常多。當你看到幾個朋友的小孩都報了海外夏令營、請了家教，心裡焦慮萬分：千萬不能讓孩子輸在起跑線上！一狠心，哪怕透支了信用卡也要報名。

　　在投資中：一聽到某檔股票的「內線消息」，內心就不淡定了。牛市裡拚命追漲，製造泡沫；熊市裡盲目殺跌，一腳踏空。既沒能力也沒耐心去看穿喧囂，在群體情緒的引導下，聽風便是雨。

　　這個世界上，從眾的人有兩種：**第一，不經思考便從眾；第二，經過分析之後才選擇從眾。從眾不一定是壞事，但脫離自我思考，肯定不是好事。**

別讓「財務自由」束縛了你的人生

　　最近幾年，我周圍朋友聊到個人財務狀況，經常有意無意提到「靠這點收入很難財務自由啊」「希望40歲能財務自由」「所有自由不都建立在錢上嗎」「等以後財務自由就好了」。

　　我不知道這算好事還是壞事，但這是一種現狀。

　　大部分人對「財務自由」的理解是，有一大筆錢，可以穩定獲得利息，從而安逸到老。

　　但對於大部分人來說，財務自由就像都市中的繁華夜景，璀璨美好，卻不易觸及。

　　《吐槽大會》一期節目中，李誕說他和王思聰在KTV唱歌，聽到王思聰深有感觸地唱〈新鴛鴦蝴蝶夢〉那句「誰又能擺脫這人世間的悲哀」時，把他震住了。當時許多人頗感欣慰，連首富的兒子都不能擺脫悲哀和束縛，世上哪還有什麼隨心所欲的自由？

　　「精神自由才能財務自由」，這句話聽來非常虛偽，但細細品味，卻也有幾分道理。有的人過得如履薄冰，每天都是沒日沒夜地工作；有的人過得瀟瀟灑灑，充實而知足。

　　同樣物質條件下，人的主觀世界很大程度決定了生活狀態。在有的人眼中，擁有厚厚一疊VIP黑卡、領口繡著個人名字縮寫的高級訂製衣、市中心的景觀豪宅，這才算衣食無憂。而在另外一些人眼中，每天上班穿著普通襯衫足矣，週末約幾位好友共度，時不時給家人做頓可口的飯菜，也是一種衣食無憂。以上二者都有道理。

　　提高經濟能力到某個程度後，靠物質得到的幸福感逐漸稀釋，所謂自由，其實與你的主觀想法密不可分。

↑ ↑

確實，薪水族沒必要把財務自由作為擺在「神壇」上的追逐目標，不如把目標放小些，做些不起眼卻有效提升生活品質的事：

1. 自己和家人好好活著

多少人感慨「有錢真好」不是在買房買車時，而是在醫院裡，這挺讓人唏噓。身體健康時，也應購買保險，萬一遇到意外也不至於經受身體與金錢的雙重打擊。

2. 有一份能體現價值感的工作

雖然很多人把薪資當作選擇工作的第一考慮因素，可要想一份工作做得長久，做得有意義，熱情和價值認同都是必需品。

3. 量入為出

有一期《圓桌派》節目中，鳳凰衛視主持人竇文濤問了這樣的問題：「什麼時候你覺得自己特缺錢？」香江才子馬家輝說了一句令人拍案叫絕的話：「你的欲望比你的收入多一塊錢，就是貧窮。」

「財務自由＝被動收入＞開銷」，人們習慣把目光聚焦在「被動收入」與「開銷」上，而忽視了最重要的是中間那個「＞」。放棄為虛榮或過分的欲望買單，至少讓自己過得更從

容自在。**人生重要的不是結果，而是過程。**只要你比前幾年、去年、上個月生活好了那麼一點點，都值得擊掌歡呼。畢竟，我們追求的從來不是「財務自由」4個字的認證官印，而是努力追尋路上，那個變得更好的自己。

「90後」，真能靠攢錢改變現狀嗎？

　　「知乎」上有一個挺有意思的話題：「90後」這一代，真的還能透過賺錢改變現狀嗎？這幾年我發現，「賺錢」這兩個字變成一個帶有爭議色彩的詞。我周圍的年輕人，持有立場鮮明的兩種態度：第一，老實賺錢，為了日後輕鬆；第二，及時行樂，趁物價飛漲前還是早點消費。

　　前不久有位大三的年輕朋友問我：「許多人都說存錢就是碗毒雞湯，不僅影響了生活品質，還把錢都白白餵給通貨膨脹，越賺錢，越虧錢。是這樣嗎？」

↑

多數普通人的第一個10萬元，其實是靠薪水存下來的。中國人素來有存錢的習慣，但在「90後」這一代突然發生了轉變。從幾個資料中不難看到這點：「90後」的平均存款只有3千多元；「90後」人均負債近55萬元，負債額是月收入的18.5倍。

許多年輕人的負債並非因為房貸，而是超前消費。今朝有酒今朝醉，這種及時行樂的感覺似乎挺好，但如果你沒有足夠的經濟基礎，這種模式是不可持續的。

↑ ↑

再說另外一個我觀察到的現象。能存下錢的人，相比同齡人都有幾個厲害的優點。

第一，自律。羅振宇說：自律帶來體面，讓自己變得更好，事情自然會變好。自律一個很重要的體現，就是延遲享樂。而及時享樂的邏輯通常是這樣的：

「活著不就是吃喝玩樂的嗎？存錢留給下一代嗎？」
「喜歡就買，擁有要快。」
「過好眼前才是王道。」

如果說，及時享樂是一種活在當下的態度，那麼延遲滿足，就是一種活在未來的能力。正如史丹佛大學那個著名的「延遲滿足」試驗，那些克制自己不吃糖的小孩並不是不想吃糖，而是他們知道20分鐘後，自己將比其他人多吃1顆糖，於是忍住誘惑。短短20分鐘就多得到1顆糖，那1小時、1天、1個月、1年之後，在時間的複利作用下，多得的又豈止是糖果？

　　第二，懂得取捨。先明確一點，所謂「節省」，不是做個「守財奴」，而是不在錯的地方胡亂浪費。就像華人慈善企業家陳嘉庚先生的孫子陳君寶，在一檔節目中談到爺爺的金錢觀時說的話。

　　主持人敬一丹問：「你對爺爺印象最深的是哪句話？」陳君寶脫口而出：「該花的錢，千千萬萬都要花；不該花的錢，一分一釐也要省。」人生這張問卷，是由一個個選擇題組成的。

- 存下幾個月薪水，選擇兌換一趟心儀的出國旅行；
- 省下不必要的「拿鐵因子」，選擇給自己報了個專業課程；
- 存下幾年的業績獎金，選擇買了一輛代步車。

從我自己的親身體驗看，這個過程並不痛苦，生活也沒變得毫無樂趣，反而讓我明白：如果一樣東西可以被輕易替代，說明它並不是我真正需要的。

第三，規劃性強。曾有個程式設計師的買房攻略上了熱搜，我截取了部分目錄：

一：認識杭州從板塊說起

    1. 房產板塊劃分圖

    2. 杭州行政區域主城區

    3. 杭州其他區域行政劃分

    4.「19大」後杭州的重點建設區域劃分和定位

    5. 2個主中心

    6. 7大城市副中心

    7. 2017年杭州各板塊地王及樓面價地圖

    8. 2017年杭州各板塊房價地圖

    9. 2017年杭州熱門板塊和最高地價參考圖

    10. 2018年各板塊樓市供應庫存

二：關於房子要知道的一些概念

    1. 用地性質

    2. 容積率

    3. 買房時訂金、斡旋金區別

    4. 綠化率多少合適，住宅社區綠化率標準

    5. 樓層淨高

    6. 為什麼每層住宅樓層默認高是在 3 米左右

    7. 杭州 2017 年的現房銷售政策

    8. 3分鐘！搞定杭州人才居住證

    9. 買房選擇東邊套、西邊套，還是中間套

    10. 公設面積

    11. 房子如何買及頭期款要求

    12. 二手房購買政策

這話題在當時引發了一場奇妙的討論，大致是：為什麼程式設計師特別容易存錢？除了程式設計師收入相對高以外，我覺得還有兩個原因：一是邏輯清晰，二是習慣量化。

我買房時，也是制定好一張Excel表格，拆解出十幾個分項點，寫上預評分，再列印出這張表去看房的，每看完一套房，便進行實地評分。最後，我在1天內，按照優先順序看完17套房，當天買下最中意的一套。存錢這事同樣如此。為什麼大家都喜歡用記帳App的方式輔助存錢？就是因為錢是比較具象的東西，很容易透過量化預算、量化開支、量化收入來控制。這一系列操作，就讓存錢變得井井有條起來，成功率大大提高。

↑ ↑ ↑

回頭看最初的問題：「90後」的一代，真的還能透過存錢改變現狀嗎？

我的答案是：可以。但現狀並不僅僅是被存錢改變的，而是由存錢過程中所產生一系列「蝴蝶效應」改變的。當你開始存錢，你會發現：看到帳戶數值增加的快感，足以轉化為更努

力賺錢的動力。看到目標被一點點實現，那份成就感讓你覺得一切都充滿希望。

　　看到一筆數字可觀的積蓄，它能讓你更有安全感，也更有勇氣做決定。那些能存下錢的人，他們的特點看起來都不是特別難做到的細節。柴契爾夫人說過：

　　注意你的行為，因為它能變成你的習慣；
　　注意你的習慣，因為它能塑造你的性格；
　　注意你的性格，因為它能決定你的命運。

　　水滴石穿，莫過於此。存錢，是年輕人累積下第一桶金最可行的操作。隨著金錢的積累，你的思維和經驗同時也發生變化。等你存下第一桶金，你就有能力將它發揮出理想功效，繼續幫你賺錢。而你的財富越多，你的機會就越多。

如何才能找到有「錢途」的工作？

「搞開發既沒前途也沒錢途啊。」CC說這句話時，我原本想安慰幾句，想了想，先作罷。

他的處境有幾分尷尬。

一畢業就做程式設計師，3 年多後發展不順心轉去做市場。偏偏性格與職位不合，一年後，獎金寥寥無幾穩居部門墊底。接著回歸老本行，做外包企業的技術經理。不料公司業務縮編，技術部門績效與營收掛鉤，CC的錢包又縮水了。

有錢途的工作，到底哪裡找？我沒水晶球，沒法預測未來什麼樣的工作風光無限。最近周圍朋友包括我自己，職場上都

遇到一些挺值得反思的事情，藉機理清一下。

↑

先看行業。實際上大家把全行業的平均薪酬亮出來，便能很容易地看出趨勢：

NO.1	互聯網	10.8k
NO.2	金融	10.0k
NO.3	專業服務	9.8k
NO.4	房地產	8.8k
NO.5	通信	8.7k
NO.6	電子／半導體	8.2k
NO.7	工程施工	8.1k
NO.8	醫療健康	7.9k
NO.9	交通運輸	7.7k
NO.10	教育培訓	7.6k

來源：資料分析平台（人民幣）

由此可看出，互聯網和金融算持續熱門的行業。從我了解到收入情況還不錯的案例中，多數也集中在這兩個行業。不僅因為金融有資源、互聯網人才缺口大，更關鍵的原因在於二者

具備極強的跨賽道能力。

我原公司的資料分析師左左，從遊戲行業跳槽至零售超市領域。雖然是向下往傳統行業謀生，但完全不影響他在新賽道繼續如魚得水，一路晉升成為新零售團隊負責人。我另一同事小Z去了更傳統的行業——黃金珠寶。公司在過去10多年一直做傳統門市，現規劃線上發展，於是小Z負責電商系統的管道推廣。技術形成的壁壘，它是一塊有彈性的橡皮模組，能快速嵌入不同行業型態中。

哪怕再傳統的行業，也有日趨夕陽和枯樹逢春的區別。只要該行業需要資訊化，需要資料分析，需要科技助推，互聯網專業人才不論到哪個領域，幾乎都會備受追捧。

就拿左左所在的零售超市來看，前幾年阿里巴巴集團用224億人民幣收購大潤發，而大潤發在2015和2016兩年均力壓華潤、沃爾瑪、家樂福於中國零售商綜合排行榜排名第一位。不少人感慨，實體超市大勢已去。可互聯網技術一旦被需要，便可形成降維攻擊的姿態，快速滲透不同行業。這正是其厲害之處。

↑ ↑

接著看職位。前面 CC 的窘境並不在於行業，恰恰在於職位。同樣是程式設計師，工資有3千元和3萬元的區別，差距到底在哪裡？宏碁集團創辦人施振榮先生曾提出了有名的「微笑曲線」理論，以作為宏碁的策略方向。一個人猶如一家公司，含金量由附加值決定。

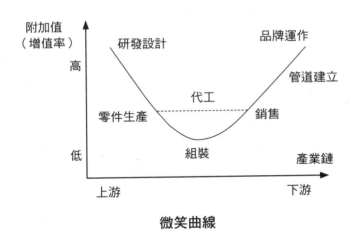

微笑曲線

研發設計與品牌運作，各佔曲線的向上兩端，其附加值最高。

以CC為例。雖做了3年多開發工作，然而接觸的始終是內部運維系統，技術單一、模組化開發，本質等同「零件生產」；後來轉銷售部門，在微笑曲線中的位置並未上升，反而

由於自身不善言辭、不懂市場，從而削弱其戰鬥力；轉而回歸技術部門，但公司是一家承接二級營運商開發專案的外包公司，若自己技術上無優勢，品牌上無亮點，一不留神就往谷底滑落。

同是互聯網從業者，前面提到的左左是資料分析師，業務部門每季度都要根據他的分析意見去調整戰略；小Z負責通路推廣和建構品牌──都處於揚起「微笑曲線」那高高的兩端。

↑ ↑ ↑

再看個人。講兩個真實的職業軌跡。

開發A：畢業做維護→腳本開發→系統開發→資料庫管理→架構設計→專案規劃→新業務孵化團隊。過程中自學專案管理、ITIL（資訊技術基礎架構庫）、市場行銷、商務談判、金融財務。

開發B：專案1後端開發→專案2後端開發→……→專案N後端開發。大量代碼複用，每個項目幾乎都是上一個的翻版。做了9年，是部門年紀最大的開發人員，同級員工全部90後。

B的薪資，如今連A的零頭都不到。到了有前途的行業、

有前途的職位，並不意味著拿到盛宴的入場券。你以為走到轉角即將扶搖直上，但其實，它還是一條並無起色的直線。你的認知如果沒擴大，行動的方向和投入的力度必然停留在原地。

認知力是什麼？面對同一件事，別人有一說一，你卻能透過面向抓到通用的底層邏輯，以一抵十，再在執行力的捶打下，變成一台智慧永動機，這樣便能緊緊握有主動權。如果優勢不夠多、劣勢一大堆；知識更新遲緩、技能老舊過時，沒等行業淘汰你，自己就已變成一個不合時宜的邊緣人。

最後，很多人在「錢途」上迷路的原因是停留在第一步：不願嘗試。習慣性張口就問：「做什麼最賺錢啊？」「月薪十萬我就幹！」「哪個行業薪水最高？」卻忘記問自己喜歡做什麼工作，擅長做哪些工作，蒙著眼睛聽著張三李四在耳邊指點江山的聲音，沒有職業目標，更沒有職業規劃，就這麼逐漸迷失了自己。

還有人總抱怨缺少機會、錯失風口。機會這東西就是臨門一腳，但不少人都堆在後場晃悠，好歹也要衝到前場禁區才有資格搶機會吧？總是以保守加防守的姿勢站在角落，即便背後有風呼呼地吹也只會下意識地裹緊身上的衣服，嘟囔句「風怎麼這麼大啊」，這就是大部分人不知不覺錯失錢途的原因。

該不該跳槽？我們來算一筆帳

　　歲末年初是工作變動高峰期，人們好像和候鳥一樣總想遷移到新領地。即便不想跳槽，看著周圍人來人往，內心禁不住蠢蠢欲動。「如果我離職」「如果我到了某某家公司」「那行業看起來很有前途」……美好的想像交織在一起，有的人因此匆忙動了身。跳槽的原因，我們按下不說，就先聊聊跳槽背後那些看得見和看不見的成本吧。

↑

跳槽不外乎兩種類型：裸辭和「騎驢找馬」。主流意見通常認為最好先找到新東家，鋪好後路再離職為上策，否則所承擔的風險往往無法控制。

　　之前的同事L屬於第一種，他想休息和旅行，於是說走就走了。後面將近1年時間，同事們在他的朋友圈看到的都是西藏、古鎮，還有大山大海。

　　期間大家也有不時在群裡問他，這樣到處旅遊的費用還有平時生活開銷怎麼辦。L就開玩笑道：「船到橋頭自然直，總會有辦法的。」在外面旅遊了一圈，L最後回來找了一份老本行開始繼續工作。「這才對啊，你終於回到正軌啦！」大家紛紛肯定他的「回頭是岸」，L也只是笑笑。

　　從現實的角度，斷了薪資確實會有一種不安全感。但首先，沒了薪資不等於沒了收入，其次，即便是消耗之前的積蓄，也並非什麼錯誤，不過是漫長人生中的一個短暫的中場休息而已，自己也樂意為此付出代價。

　　這種態度，有時挺感性的（當然，腦袋一熱就甩手不幹了是另外一回事）。高曉松說：「我不入流，這不要緊。我每天都開心，這才是重要的。」很多事情，如人飲水。別人眼中的正軌，不見得就是自己想要的。

去年朋友小丁跳槽到離家十幾公里外的公司，薪資漲了50%，讓大家羨慕不已。然而，原本騎電動車15分鐘上班的小丁，每天在交通上的時間也翻了幾番——變成了50分鐘以上，來回就是近2個小時。

幾星期後，小丁覺得太不方便了，準備買一輛代步車，價值77萬多元，結果花在路上的時間卻也沒減少，為什麼呢？從他的新公司園區開到大路上，基本需要5~10分鐘。接著，那條路上每逢上下班高峰就堵得和沙丁魚罐頭一樣，他不得不從繞城高速上走，折騰了一番到家，大半個小時過去了……

現在我們來算一筆帳吧。小丁原先年薪在55萬元左右，每天騎著電動車來回30分鐘。跳槽的新公司，年薪近80萬元，在交通上花費的時間為80分鐘，外加買了一輛70幾萬元的車，每月固定支出油費、保養費、意外支出費（小丁第一個月開車就因違規被罰款了2千元）。

從薪資的數字上看，第二份工作所得當然更多，但從付出的時間和金錢上看（暫且先不論發展前景之類），選擇的天平則向前者傾斜。衡量的標準用 3 個字來概括就是：性價比。人們的視線往往被收入數字所遮擋，忽視了各個因素需要佔用這

份工作收入的必要付出。時薪不僅沒高，反而還更低，這樣便得不償失了。

↑ ↑ ↑

　　前同事小 J 由於家庭因素，跳槽到異地工作。該地屬於 5 線城市，薪資比原先反而還少了一些，同事難免有些不理解，但用她的話說：「這才是應該過的生活啊！」原本每隔兩三週才能見一次面的兒子和老公，現在終於可以時常團聚。在群裡聊天時，小丁無不散發著拉開生活新篇章的陽光感。

　　我所在的互聯網行業，算是大家眼中「有錢途」的行業。但人們看到的總是光鮮，看不到的都是苟且，發生在周圍人身上或是聽說的因為健康問題而後悔莫及的事情實屬常見。之前我所在的團隊，通宵上線升級都是常有的事。一份有價值的工作，是看它能否給你帶來更好的生活品質、更多的幸福感，而非僅僅是薪資帳戶的數字上漲，更不會以典當健康和夢想作為代價。

　　金錢是成本，健康是成本，和家人的相聚時光又何嘗不是成本？

↑ ↑ ↑ ↑

　　在工作中重視自我提升，積極主動地去學習，保持任何時候都可全身而退的能力，這些都很重要。但要讓自己更從容地面對任何情況，金錢是解決問題的重要工具。

1. 保留3~6個月的生活費

　　平時養成習慣，存有一筆應急資金，足以讓你在不影響生活水平的情況下度過幾個月。尤其是需要還貸的朋友，更得注意保證這筆固定支出的連續性，提早做好現金流準備。有信用卡卡債的朋友們，當有離職念頭的那一刻起，為自己囤糧是重點，省著點消費也是重點。給自己應對的時間，同時手裡握有一筆隨時可用的錢，面對生活會有底氣得多。

2. 增加自己的多元收入

　　我的一個同學從辭職後到重新開始下一份工作之前，間隔了5個多月之久，但他的收入不僅沒少反而進帳24萬多元。原來他透過朋友介紹接手一個開發專案，由於能力足以獨立勝任，最終自己一個人花了4個月完成收工。

　　當離開一份工作後，能擁有除工作以外其他多元收入的人，或是有房屋租賃、投資所得等被動收入的人，無疑會更有安全感，也能睡得更安穩些。

3. 提早規劃

裸辭不是什麼錯誤，但沒想清楚就裸辭，怎麼看都像是揮起鏟子給自己挖坑。職業發展方向和未來的願景，這些與切身利益相關，未雨綢繆總能讓自己更從容幾分。另外，提早了解清楚醫療保險等事情也很重要。

我認識的人有的跳槽後混得每況愈下，也有跳槽後過得風生水起，甚至有的三進三出同一家公司最終還是回到原點。**實際上，決定你過什麼樣的生活，從來都不是你哪一次的選擇，而是你一直以來的狀態。**

此外，越是在出現變化的時候，越能體現金錢的重要性——讓你擁有說No的權利。平時多發掘幾條能力管道和收入管道，情緒上不要和自個兒較勁，自然會少一些難堪，多一些泰然。希望我們都能在變化的世界中，找到最適合自己的方式和位置。

你缺的不是努力,而是變現的能力 / 臨公子作. -- 初版. -- 臺北
市 : 春天出版國際文化有限公司, 2021.09
　面；　公分. -- (Progress；15)
ISBN 978-957-741-391-8(平裝)　　　。
1.成功法 2.生活指導

177.2　　　　　　　　　　　110011301

你缺的不是努力，
而是變現的能力

Progress 15

作　　　者◎臨公子

總 編 輯◎莊宜勳

主　　編◎鍾靈

出 版 者◎春天出版國際文化有限公司

地　　址◎台北市大安區忠孝東路4段303號4樓之1

電　　話◎02-7733-4070

傳　　真◎02-7733-4069

E－mail◎frank.spring@msa.hinet.net

網　　址◎http://www.bookspring.com.tw

部 落 格◎http://blog.pixnet.net/bookspring

郵政帳號◎19705538

戶　　名◎春天出版國際文化有限公司

法律顧問◎蕭顯忠律師事務所

出版日期◎二○二一年九月初版

定　　價◎320元

總 經 銷◎楨德圖書事業有限公司

地　　址◎新北市新店區中興路2段196號8樓

電　　話◎02-8919-3186

傳　　真◎02-8914-5524

香港總代理◎一代匯集.

地　　址◎九龍旺角塘尾道64號 龍駒企業大廈10 B&D室

電　　話◎852-2783-8102

傳　　真◎852-2396-0050